文 化 研 究
Cultural Studies

王逢振◎著

孟　樊◎策劃

出版緣起

　　社會如同個人，個人的知識涵養如何，正可以表現出他有多少的「文化水平」（大陸的用語）；同理，一個社會到底擁有多少「文化水平」，亦可以從它的組成分子的知識能力上窺知。眾所皆知，經濟蓬勃發展，物質生活改善，並不必然意味著這樣的社會在「文化水平」上也跟著成比例的水漲船高，以台灣社會目前在這方面的表現上來看，就是這種說法的最佳實例，正因為如此，才令有識之士憂心。

　　這便是我們──特別是站在一個出版者的立場──所要擔憂的問題：「經濟的富裕是否

也使台灣人民的知識能力隨之提昇了？」答案
恐怕是不太樂觀的。正因爲如此，像《文化
手邊冊》這樣的叢書才值得出版，也應該受
到重視。蓋一個社會的「文化水平」既然可
以從其成員的知識能力（廣而言之，還包括
文藝涵養）上測知，而決定社會成員的知識
能力及文藝涵養兩項至爲重要的因素，厥爲成
員亦即民眾的閱讀習慣以及出版（書報雜誌）
的質與量，這兩項因素雖互爲影響，但顯然後
者實居主動的角色，換言之，一個社會的出版
事業發達與否，以及它在出版質量上的成績如
何，間接影響到它的「文化水平」的表現。

　　那麼我們要繼續追問的是：我們的出版業
究竟繳出了什麼樣的成績單？以圖書出版來
講，我們到底出版了那些書？這個問題的答案
恐怕如前一樣也不怎麼樂觀。近年來的圖書出
版業，受到市場的影響，逐利風氣甚盛，出版
量雖然年年爬昇，但出版的品質卻令人操心；
有鑑於此，一些出版同業爲了改善出版圖書的
品質，進而提昇國人的知識能力，近幾年內前

後也陸陸續續推出不少性屬「硬調」的理論
叢書。

　　這些理論叢書的出現，配合國內日益改革
與開放的步調，的確令人一新耳目，亦有助於
讀書風氣的改善。然而，細察這些「硬調」
書籍的出版與流傳，其中存在著不少問題。首
先，這些書絕大多數都屬「舶來品」，不是
從歐美「進口」，便是自日本飄洋過海而
來，換言之，這些書多半是西書的譯著。其
次，這些書亦多屬「大部頭」著作，雖是經
典名著，長篇累牘，則難以卒睹。由於不是國
人的著作的關係，便會產生下列三種狀況：其
一，譯筆式的行文，讀來頗有不暢之感，增加
瞭解上的難度；其二，書中闡述的內容，來自
於不同的歷史與文化背景，如果國人對西方
（日本）的背景知識不夠的話，也會使閱讀的
困難度增加不少；其三，書的選題不盡然切合
本地讀者的需要，自然也難以引起適度的關
注。至於長篇累牘的「大部頭」著作，則嚇走
了原本有心一讀的讀者，更不適合作爲提昇國

人知識能力的敲門磚。

　　基於此故，始有《文化手邊冊》叢書出版之議，希望藉此叢書的出版，能提昇國人的知識能力，並改善淺薄的讀書風氣，而其初衷即針對上述諸項缺失而發，一來這些書文字精簡扼要，每本約在六至七萬字之間，不對一般讀者形成龐大的閱讀壓力，期能以言簡意賅的寫作方式，提綱挈領地將一門知識、一種概念或某一現象（運動）介紹給國人，打開知識進階的大門；二來叢書的選題乃依據國人的需要而設計，切合本地讀者的胃口，也兼顧到中西不同背景的差異；三來這些書原則上均由本國學者專家親自執筆，可避免譯筆的詰屈聱牙，文字通曉流暢，可讀性高。更因爲它以手冊型的小開本方式推出，便於攜帶，可當案頭書讀，可當床頭書看，亦可隨手攜帶瀏覽。從另一方面看，《文化手邊冊》可以視爲某類型的專業辭典或百科全書式的分冊導讀。

　　我們不諱言這套集結國人心血結晶的叢書本身所具備的使命感，企盼不管是有心還是無

心的讀者，都能來「一親她的芳澤」，進而
藉此提昇台灣社會的「文化水平」，在經濟
長足發展之餘，在生活條件改善之餘，國民所
得逐日上昇之餘，能因國人「文化水平」的
提昇，而洗雪洋人對我們「富裕的貧窮」及
「貪婪之島」之譏。無論如何，《文化手邊冊》
是屬於你和我的。

　　　　　　　　　　孟　樊
　　　　　　　　一九九三年二月於台北

序

　　生物學證明：近親繁殖退化，良種雜交茁壯。

　　歷史演化表明：立足於世界之民族，無一不與他民族發生聯繫；閉關鎖國導致停滯，不進則退，最終導致落後；兼收並蓄，取長補短，則會導致繁榮昌盛。

　　縱觀中華數千年歷史，每當與外交往頻繁，多是國強民安之時。漢朝通西域，一度興旺發達；唐朝廣交印度及中亞諸國，逐形成大唐文化。外國亦是如此。美國大量移民，吸納全世界優秀人才和文化成果，短短二百年便成世界最強之國。

　　因此，了解外國文化諸方面的發展和現狀，必有助於我國的整個文化事業乃至經濟建設。

　　近年來，文化研究（Cultural Studies）在西方盛行不衰，並正在對我國產生越來越明顯的影響，因此了解西方文化研究的現狀，認真對社會文化現實進行反思，無疑是學界乃至整個社會都應關注的問題。

　　今天的文化批評，包括傳統意義上的文學批評，幾乎無一不涉及以下四個範疇：民族-國家（nation-state）、種族（race）、性別（gender）、階級（class）。這四個方面構成今日文化研究的基礎，由它們延伸，擴展爲跨學科的眾聲喧嘩現象。人類社會的一切活動，通通被納入到文化研究，從狹義的文化（藝術作品和思想著作及其生產和接受過程）擴展到不斷變化的生活方式、習慣、道德、價值觀念、以及行爲和信念的社會環境，進而擴展到整個社會或國家在機制意義上的存在方式，藝術、經濟、社會、政治、意識形態等因素的

相互作用，以及它們如何構成整體的生存經驗。說得稍微具體一點，從人體到語言，從感情到行爲，從意識到實踐，從思想到媒體，從資本到權力，從民族到國家，從政治制度到世界秩序……凡是人們可以想像的事物幾乎都可以納入文化研究的範圍。因此，本書不可能全面介紹西方的文化研究，只能根據自己了解的情況加以評述，是以定名原初爲「文化研究數面觀」；惟爲符合本叢書系列統一體例的要求接受了主編的建議定爲《文化研究》。

　　本書著重評述了當代西方文化研究的一些問題，因爲這些問題不僅更接近今天的現實，有益於我們參考借鑑，而且其所用的方法也多不同於傳統，對豐富我們的文化研究會起到推動作用。當然，這只是本人的願望，究竟如何，只能靠讀者批評判斷。本人懇切希望方家學者和廣大讀者不吝指教。

　　　　　　　　　　　王逢振　謹誌

目　　錄

第一章
文化的概念

一、文化概念的四個階段

　　雖然人們對文化的認識多種多樣，對文化概念本身也很少達成一致，但大多數人會同意文化現象的研究對整個社會科學至關重要。因為社會生活並非只是客體和事件問題，如像自然界發生的現象；它還是有意義的行為和表述的問題，是言語、象徵、文本和各種製品的問題，是意欲透過這些製品表達自己的主體的問題，是透過解釋他們生產和接受的表達尋求理

解自己和他人的問題。廣義地講，文化現象研究可以說是把社會－歷史世界作爲一個意義領域的研究。也就是說，它可以解釋爲是對方法方式的研究，例如處於社會－歷史世界中的個人如何生產、構成和接受各種有意義的表述。因此，文化概念涉及到一系列多學科共有的現象和共同關注的問題。

　　文化概念並不是一成不變，而是個不斷變化的動態的概念。它有著漫長的歷史，今天它們表示的意義在某種程度上也是這種歷史的產物。爲了更好地理解當代的文化研究，也許應該追溯一下文化概念發展的主要階段。湯姆森（J. B. Thompson）認爲歷史上有四種基本的用法。

　　(1)古典的文化概念。這種概念指十八、十九世紀德國思想家和歷史學家對文化的討論，在這些討論裡，文化一般表示思想或精神發展的過程，它在某些方面不同於「文明化」的過程。

　　(2)人類學的文化概念。十九世紀晚期，

隨著人類學作為一個學科的出現，古典的文化概念逐步被各種人類學的文化概念取代。最重要的人類學文化概念有兩種：描述的（descriptive）文化概念和象徵的文化概念。前者指一個特定社會或歷史時期的各種價值觀、信念、風俗、常規、習慣和習俗；後者將焦點轉向對象徵的關注，認為文化現象是象徵的現象，文化研究本質上是對象徵和象徵行為進行解釋。

（3）結構的文化概念。這是隨著結構主義發展而出現的一種較新的文化概念。按照這種概念，文化現象可以理解為「處於構成的語境中的象徵形式」；而文化研究則可以說是對象徵形式的有意義的構成及其社會語境化的分析。

（4）大眾交流的文化概念。通過將象徵形式置於與構成的社會語境的關係來考慮，結構的文化概念提供了一個考察大眾交流的基礎：在大眾交流的形成和發展過程中發生了什麼。大眾交流在某些方面透過某種方式關係到象徵

形式的生產和傳播。無疑大眾交流是個技術問
題，是強大的生產和傳播的機制問題；但它同
時也是個象徵形式問題，是各種意義的表達的
問題，各種意義透過傳播工業所運用的技術手
段被生產、傳播和接受。因此，大眾交流的形
成和發展可以說是一種基本的變革，在現代社
會裡它不斷改變象徵形式的生產和傳播。在這
種意義上，我們可以說它是現代文化的媒體
化。事實上，所謂現代文化是象徵形式的生產
和傳播已經越來越陷入商品化和傳輸的過程，
而這種情況現在已成為全球性的特徵。

二、文化與文明

　　「文化」的概念源於拉丁文 "cultura"，在
現代時期它獲得一種非常重要的地位。最初這
個概念保留了"cultura"一詞的某些原始意思，
指培育或管理，如種植莊稼，馴養動物。從十
六世紀以降，這種原始意思逐漸擴展，從耕作

和飼養家畜領域延伸到人類的發展過程，從種植莊稼延伸到思想教化。但是，「文化」作爲獨立名詞指一個普遍的過程或這個過程的結果，直到十八世紀才普遍使用。

十九世紀初期，文化常被用作「文明」的同義詞。在十八世紀後期，「文明」指人類發展的進步過程，即從野蠻走向完善和秩序。在這種表面意義之下，它還包含著啓蒙運動的精神，對現代時期的進步特徵充滿信念。當時，「文化」和「文明」兩個詞的運用常常交迭：都描述人類發展的一個普遍過程，即變成「有教養的」、「文明化的」過程。

不過，不同國家對「文化」和「文明」的理解因歷史條件的差異也多有不同。例如，在十八世紀的德國，法語是貴族和上層資產階級的語言，說法語是上等階級地位的象徵；與之相對的是一批說德語的知識分子，他們從思想和藝術成就方面構想自己的活動，嘲笑上等階級在這些方面毫無成就，只知道把精力用於講究舉止和模仿法國人。這種反對上等階級的爭

論便以「文化」和「文明」的對比來表達，康
德這樣說道：「我們透過藝術和科學變得富於
教養，我們透過[獲得]各種社會的文雅和風
度而變得文明。」[1]顯然，德國知識分子以
「文化」表示其特殊的地位，把自己和自己的
成就與上等社會區分開來。由於他們被排斥在
宮廷上等生活之外，所以他們便尋求在學術、
科學、藝術、哲學等領域尋求自我價值的實
現。於是，「文化」便被用來指文學、藝術、
科學、哲學等領域。這也就是前面所說的古典
的文化概念。

　　按照古典的文化概念，文化是發展和提高
人類能力的過程，這個過程是透過吸收學術著
作和藝術作品推進的，並與現代時期的進步特
徵相聯繫。顯然，古典文化概念的某些方面今
天仍然存在，也是「文化」一詞日常使用時的
某些含義。但同樣明顯的是，這種概念過於狹
隘，因為它抬高某些價值和作品而否定另外一
些，帶有過於自我肯定或自信的偏見。

三、象徵的文化概念

長期以來，人們認爲運用象徵是人類生活的一個基本特徵。儘管動物可以發出各種訊號並對其作出反應，但只有人類充分發展了語言，通過語言構成有意義的表達並進行交流。人類不但可以生產和接受有意義的語言表達，而且還可以賦予非語言的構成以意義，如行爲、藝術作品、各種物質的客體等。人類生活的象徵特徵，在社會科學和人文科學的研究及實踐當中，一向是個永遠值得思考的問題。

那麼，什麼是象徵的文化概念呢？懷特（L. A. White）在《文化的科學》（*The Science of Culture*）裡認爲，文化指現象的獨特秩序，即那些依賴於運用思想能力的事物和事件的秩序，這種思想能力爲人類所獨有，稱之爲「象徵表示」。[2]由此出發，他把文化現象分爲三個系統：技術系統、社會學系統和意識

形態系統，並把它們置入一個進化的框架。但
因他過於強調技術的作用，後來失去了在文化
概念方面的重要性。儘管如此，他還是爲強調
人類生活象徵特徵的文化概念起了鋪路的作
用。

　　最近幾年，象徵的文化概念一直是人們爭
論的焦點之一。克里福德・格爾茨（Clifford
Geertz）認爲，主要的問題是意義、象徵和解
釋。「……人是懸在他自己編織的表義網上的
動物，我認爲文化就是那些網，因此對文化分
析並不是一種尋求規律的實驗科學，而是尋求
意義的解釋的科學。」[3]文化是一種「分層次
的有等級的意義結構」；文化分析就是解開意
義層次，描述再描述對每個個人已經具有意義
的行爲和表達，而個人則在日常生活過程中生
產、觀察並解釋這些行爲和表達。文化分析是
對解釋的解釋，是對世界的第二位的間接的說
明，因爲世界已經被構成世界的個人不斷地描
述和解釋過了。因此，象徵的文化概念是：文
化是以象徵形式體現的意義模式，它包括行

為、言語和各種有意義的客體，透過它們人們
互相交流，並共享彼此的經驗、觀念和信仰。

　　於是，文化分析首先是闡明這些意義模
式，解釋說明象徵形式所體現的意義。由此出
發，文化分析活動就大大不同於「描述的概
念」所要求的分析。按照格爾茨的說法，文化
研究更接近於解釋文本，而不是更接近於為動
植物分類。它要求的不是分析者的態度，而是
解釋者的敏感性，就是說，要敏銳地分辨出意
義模式，區分意義的細微差別，使一種有意義
的生活方式易於理解。

四、結構的文化概念

　　結構的文化概念強調文化現象的象徵特
徵，同時也強調文化現象總是嵌進一種構成的
社會語境（Social　Context）之中。文化分析是
對象徵形式的研究，就是說，對各種有意義的
行為、客體和表達的研究，但在這些研究中，

必須考慮它們與歷史上特定的和社會地構成的
語境的關係，考慮語境構成的過程以及這些象
徵形式生產、傳播和接受的具體境遇。按照這
種看法，文化現象是處於構成的語境中的象徵
形式；文化分析則是研究象徵形式有意義的構
成及其社會地語境化。

　　作為象徵形式，文化現象對行為者和分析
者都具有意義。它們是行為者在日常生活中經
常解釋的現象，也是力圖把握社會生活有意義
特徵的分析者所解釋的現象。但這些象徵形式
也嵌進特定的社會－歷史語境，它們在這種語
境裡並通過這種語境被生產、傳播和接受。這
種語境及生產、傳播和接受的過程是以各種方
式構成的，可以透過不均衡的權力關係構成，
可以透過不同的進入方法和機會構成，也可以
透過制度化的生產、傳播和接受的機制構成。
文化現象的分析包括闡明這些社會地構成的語
境和過程，也包括對象徵形式的解釋，或者
說，透過分析社會地構成的語境和過程來解釋
象徵形式。

　　因此，爲了說明結構的文化概念，有必要看看象徵形式的特徵。它們可分爲意圖的、常規的、結構的、指稱的和語境的五個方面。

　　意圖的特徵指象徵形式是一個主體的表達，並爲了某個或多個主體而進行表達。就是說，象徵形式由主體生產、構成和運用，他在生產和運用這種形式的過程中，試圖達到某種目的或表達自己想說的意思，讓另外某個主體接受並解釋這種象徵形式，把它作爲一個主體的表現，一個有待理解的訊息。

　　常規的特徵指象徵形式的生產、構成和運用以及接受它們的主體對象徵形式所作的解釋，是典型地應用各種規範、準則或常規的過程。這些規範、準則或常規範圍廣闊，從語法規則到風格和表達的常規，從特殊訊號和特殊字、詞或事態的規則，到支配人們表達自己或解釋他人表達的個人行爲或相互作用的常規，幾乎無所不包。但運用這些規範、準則或常規並不一定是有意識的，而是自然而然地運用的；它們是不言而喻的知識，然而又是社會性

的，爲眾人所共有，並總是可以爲他人所修
正。

　　結構的特徵指象徵形式是展示一種連接結
構的構成。它們包含具有明確相互關係的一些
因素，這些因素及其相互關係構成一種可以從
形式上分析的結構，例如人們可以分析一個敘
事結構中並列的詞語和意象。

　　指稱的特徵指象徵形式是一些指稱的構
成，它們象徵地再現某種事物，指稱某種事
物，對某種事物說出某種看法。這裡指稱是廣
義的，如某種象徵形式代表某種客體、個人、
事態以及語言表達所指的東西，例如繪畫中的
人物可以表示魔鬼、壞人、死亡，報刊上的漫
畫人物可以指某個特殊的個人或代表某個民族
一國家等等。

　　語境的特徵指象徵形式總是置於特定的社
會一歷史語境和進程之中，透過這些過程它們
被生產、傳播和接受。甚至日常交流中一個人
對另一個人說的一句簡單話，也總是處於構成
的社會語境之中，帶有表示這種語境特徵的一

些社會關係的痕跡，如口音、語調、說話的方式、用詞的選擇、表達的風格等等。前面說過，象徵形式總是被嵌入構成的社會語境之中，這意味著它們不僅是主體的表達，而且這些形式是由處於某個特定社會—歷史語境中的力量產生的。

五、大眾交流的文化概念

在現代社會裡，文化象徵形式的生產和傳播與媒體工業的發展密切相關。媒體機制的作用非常重要，其產品充斥著日常生活的各個方面。今天，如果生活在一個沒有圖書和報刊、沒有廣播和電視、沒有電話和互聯網絡的世界，人們很難想像那是個什麼樣的世界。日復一日，月復一月，報紙、廣播和電視不斷向我們提供大量的言語和形象、訊息和觀念，以及發生在我們所處環境之外的種種事件。電影主角和電視節目主持人變成了億萬觀眾的共同參

照點，雖然這些觀眾可能從未有過任何聯繫，
但透過媒體文化卻可以分享共同的經驗和集體
的記憶。甚至已經存在數世紀之久的娛樂形
式，例如通俗音樂和競爭體育，今天也與大眾
交流的媒體結合在一起。流行音樂、體育、廣
告和其他活動基本上都通過媒體工業保持了下
來，媒體工業不僅傳播已經存在的文化形式，
更重要的是正在積極地改變著這些形式。

　　媒體工業以前並非總是發揮如此重要的作
用。它的產生和發展是伴隨現代社會興起而出
現的一個特殊的歷史過程，其最初始源可以追
溯到印刷術的發明。印刷術的出現是一系列發
展的開始，從十六世紀到現在，這種發展從根
本上改變了文化象徵形式在個人日常生活中的
生產、傳播和接受的方式。而正是這一系列的
發展形成了現代文化媒體化的基礎。這個過程
也是工業資本主義發展的過程，是現代民族-
國家體制形成的過程，它們共同構成了西方現
代工業社會。這些過程還深刻影響到其它地區
社會的發展，這些社會以前曾不同程度地相互

聯繫在一起，而今天這種聯繫正變得越來越加密切。可以說，當代世界上各種社會日益增加的相互聯繫正是這些過程作用的後果，其中大眾文化交流或文化的媒體化起著至關重要的作用，不僅影響著文化象徵形式的變化，而且影響著整個社會的發展。

　　根據媒體工業的發展，大眾文化交流的概念可以說有以下幾個特點：(1)文化製品以訊息傳播和儲存的方式進行制度化的生產和擴散，預設社會群體對文化製品的生產和消費。(2)文化製品的生產和接受基本上是分離的，即接受者不在文化製品的生產地，而是通過技術媒體傳送。(3)擴展了文化製品在時間和空間的延伸能力，即可以進行遠距離的傳播。(4)採取公共的形式，擴大了生產和接受的範圍。

註　釋

[1]Immanuel Kant, quoted in J. B. Thompson, IDEOLOGY AND MODERN CULTURE (Stanford University Press, 1990), p.124.

[2]Leslie A. White, THE SCIENCE OF CULTURE (New York: Farrar, Strauss and Cudahy, 1949), p.363.

[3]Clifford Geertz, THE INTERPRETATION OF CULTURE (New York: Basic Books, 1973), p.5.

第二章
什麼是文化研究

　　什麼是文化研究？這是個非常寬泛而又具體的問題。詹明信（F. Jameson）在其《論「文化研究」》中指出：文化研究是一種願望，探討這種願望最好從政治和社會的角度入手，將它視爲一項促成「歷史大聯合」的事業，而不是理論化地將它視爲某種新學科的規劃圖。文化研究的崛起是出於對其他學科的不滿，它不僅針對其他學科的內容，而且也針對其他學科的局限性，因此文化研究屬於「後學科」。文化研究對自身的定義，取決於自身與其他學科之間的關係。所謂文化研究，最好理解爲一種探討社會普遍問題的特殊方式，而不是屬於少

數人的或專門化的領域。

　　詹明信認爲，在文化研究的特殊空間裡，
不存在什麼單一的「身分」或「民族主義」問
題；文化研究應該歡迎混雜的「身分」，對各
種新的複雜結構進行宣揚和分析。他提出一種
「協力關係網」來取代「單一作者」的概念。
就是說，在文化研究中，不存在真正的「個
體文本」，其研究客體是各種各樣的協力關
係；如果沒有力圖結合、引導、協調各種身
份、各種責任和立場的促動性張力，就不可能
出現真正有意義的、富有成效的作品和思想。
詹明信指出，所謂張力也指文本與社會、上層
建築與基礎之間的張力，或者說是文化由社會
現實向想像世界的轉位。因此，人們應該反該
把多種意識形態的各種影響和承諾所導致的張
力，看成是截然不同的引力；構成某種思想內
涵的是對這些張力作出反應的行爲，而不是作
出結論的分析，也不是排除矛盾把多種意識形
態的運作壓制成一個統一的大方案。各種群體
「身分」之間的張力構成文化研究的一個重要

方面。

　　從「協力關係網」出發，詹明信又提出了「連接」的概念。他認爲「連接」有些像有機聯繫，類似於身體各部分之間的關係，但指的是骨架各部分的聯繫，而不是指軟組織器官。「連接」轉用於寓言表達，可以指生產、分配和消費這些範疇之間的關係。因爲「連接」隱含著一種轉折結構，一種離子交換式的不同事物之間的交換，在這種交換過程中，與某一事物相聯繫的意識形態動力轉過來又與另一事物交迭在一起。在文化中，這種「連接」常常是一種突發性的整體建構，其中種族、性別、階級、民族、民族性乃至性生活相互交錯，彙合到一起，形成一個發生作用的整體結構。這種結構不可避免地是一種「複合結構」，一種不僅透過相似性而且透過差異性相「連接」的結構。

　　在詹明信看來，「連接」是文化研究的一個重要的理論問題。若想清楚地了解「連接」的多種動力，必須全面理解作爲單個群體的文

化的種種表現。詹明信認爲，所謂文化即弱化
的、世俗化的宗教形式，其本身並非一種實質
或現象，它實際上是一種帶有客觀色彩的
「海市蜃樓」，緣自至少兩個群體以上的關
係。這就是說，任何一個群體都不能單獨擁有
一種文化──文化是一個群體接觸並觀察另一
個群體時所發現的氛圍，或者說它是那個群體
陌生奇異之處的外化。換種方式來說，文化是
一種「他體」（Other）思想，即信仰或宗教之
類的東西被投射到「陌生的頭腦」裡去。信仰
並非一個群體本身擁有的東西，因爲這個群體
的所做所爲在他們自己看來總是自然而然的
事，無需激發陌生的內化實體並使之獲得合理
性。因此，大多數文化都不等同於一個群體自
身所擁有的觀念和信仰。

　　然而，人們確實常常談論「我們自己的」
文化、宗教、信仰或其它一些東西。詹明信認
爲，這種情況可以看作是在挽回別人對自己的
看法，挽回前面提到的那種「海市蜃樓」；正
是靠著這種海市蜃樓他體才得以想像我們

「擁有」一種文化：這種異化的形象取決於他
體的力量，要求他體作出反應。」這種反應與
各少數民族的文化復興一樣深刻，一個民族透
過文化復興可以重整自己的傳統形象，在新的
民族主義的政治鬥爭中證實自己。

因此，詹明信強調指出，必須把文化看作
是群體之間關係賴以實現的工具或媒體，必須
把文化揭示爲一種他體的概念；否則，對於這
種在歷史中形成的複雜的關係，一些假客觀的
認識會長期作祟。然而，群體之間的關係並不
是自然的關係，他們的文化也存在著這樣那樣
的差異。詹明信認爲，在文化交流中，一個群
體借用另一個群體的文化等於向對方表示敬
意，是一個群體對另一個群體的承認，表達了
集體的嫉羨，承認了對方的威望。但這種威望
不應簡單地歸結爲權力，因爲常有強大的群體
向臣服他們的群體表示這種敬意，借鑑和模仿
對方文化的表現形式。因此，詹明信說威望是
群體精誠團結、同心同德所煥發出來的一種氣
質，比之強大的群體，弱小的群體更需要培養

這種氣氛。

　　總的來看，詹明信認爲文化是各群體作出象徵性行爲的空間，文化研究必須考慮各群體之間的關係。在文化研究實踐中，他強調三個層次上的解讀。第一個層次是政治層次，其方法是把各種文本（包括社會文本）作爲一種象徵或寓言。例如李維史陀在研究印第安人的面飾時，把其內在形式結構作爲一種社會象徵：均衡、對稱的紋面圖案，其實是下層印第安人對部落中的不平等關係在審美層面上的一種純形式的解決。第二個層次是社會層次，將關注的對象轉向群體（或階級）關係，轉向文本中隱含的意識形態。例如布洛赫從神話故事對欲望的滿足和對美好的嚮往中解讀出階級反抗的聲音。第三個層次是人類生產方式層次，也是最重要的層次。不同生產方式的存在導致對抗，群體間的矛盾形成政治、社會和歷史生活的焦點，例如資本主義在帝國主義階段所導致的殖民主義，在當前後期資本主義階段所導致的後殖民主義等等。詹明信本人就是從生產方

式入手解讀出後現代主義或後期資本主義的文
化邏輯的。

第三章
威廉斯的文化觀

　　雷蒙德・威廉斯（Raymond Williams）雖然已經逝世，但隨著文化究的發展，他似乎越來越顯得重要。在文化研究領域，不論贊同還是反對他的人，似乎都難以擺脫他的「幽靈」。1993年，美國出版了專論他的文集《超越國界的看法》（*Views beyond the Border Country*），1995年又出版了弗雷德・英格利斯關於他的評傳《雷蒙德・威廉斯》。有人預言，在未來幾年內，威廉斯和麥克魯漢將重新成爲文化批評界的熱點。何以如此呢？斯圖爾特・霍爾（Stuart Hall）的文章〈文化研究及其理論遺產〉[1] 或許可以爲我們提供一些線索。他在這

篇文章中警告說，將文化研究作爲一種符號學
或闡釋學的學科制度化是非常危險的。雖然他
也承認政治和權力問題總是以話語（discourse）
方式表現，但他補充說：「仍然有一些情況使
權力構成一種容易漂動的能指符號，這種符號
使權力和文化的原始運作及聯繫完全失去意
義。」這種看法間接表明，威廉斯的「文化
唯物主義」（cultural materialism）具有明顯的
啓示性。

一、文化是多種活動的綜合

　　總的看來，威廉斯是個不斷變化的、缺乏
連續性而又前後聯繫的理論家。在他的第一部
重要著作《文化和社會》裡，威廉斯回顧了保
守的英國社會思想傳統。它所引起的共鳴和感
染力主要在於它對文化觀念的運用：文化是脫
離物質社會生活的完美的觀念或理想，是對特
定的、包括工業、民主、階級和藝術等大規模

變化的一種批判。在劃分階級的社會裡，「文化」反對商業，反對城市集中，反對占有性的個人主義。威廉斯透過分析指出，從封建等級世界觀產生的社會服務精神，完全不同於植根於工人階級文化成就的社會團結精神。前者實質上是傑出人物統治論的翻版，而後者則指充分民主平等的參與。威廉斯的「共同文化」的觀念，其基礎就是千百萬勞動人民的創造性。這種創造性雖未得到承認，但具有強大的潛在力量，只要得到充分發揮，或勞動人民能夠真正民主平等地參與，就可能產生一種「共同的文化」。

在《漫長的革命》一書裡，威廉斯透過一種對文化的新的理論闡述，直接抨擊了自由主義的資產階級傳統。他認為文化不只是「整個生活方式」，而且還是歷史上社會實踐經過區分的整體性和原動力。藝術和文學不可能被特權化或理想化，因為它們是「整個過程的組成部分，這個過程創造常規和機制，透過它們共同評價的意義得到共享，獲得活力」。威廉斯

提出文化的關係觀和過程觀，打破了區分文
學、文化、政治、以及日常生活的範圍。他強
調聯繫、不一致和相互作用的協調，展現隱含
在知識和交流模式中的衝突和變化：

> 達成共同性的過程：同享共同的意
> 義，因而同享共同的活動和目的；提供、
> 接受並比較新的意義，因而導致發展和變
> 化的張力和成就。……如果藝術是社會的
> 組成部分，那麼在社會之外不存在任何堅
> 實的整體，雖然我們透過問題的形式承認
> 它的重要性。藝術是一種活動，它與生
> 產、貿易、政治、家庭撫養等同在。若要
> 研究這些關係，我們就必須主動地研究它
> 們，把所有的活動看作是人類能量的獨特
> 的、當代的形式。[2]

強調文化是多種活動的聚合，在這裡至關
重要。這意味著解決主客體的二律背反，調解
意識和外部世界的二元論（威廉斯認爲這種二
元論支持著資產階級思想抽象的理性主義和經

驗主義）。在他後來的著作裡，威廉斯把文化
作為一種「表意系統」（signifying system），透
過這個系統，一種社會秩序得到傳達、再現、
體驗和探索。因此，他認為文化不單只等同於
高級藝術、珍貴的製品或模式化的表現；它包
括連接起來的表達及其經驗的基質，包括對立
兩極的豐富多變的結合。

　　威廉斯的策略一向與後期資本主義的個人
主義精神相對立。他的文化理論是在進行整體
化，在批評觀察中包括思想家作為參照點的存
在。這種理論集中於關係的網絡，以便「發現
綜合這些關係的組織結構的性質」，找出它們
聯繫方法的模式，揭示預料不到的同一性或一
致性，不連續性或分散性等等。威廉斯對模式
和組織結構的強調，可以說明他為什麼把目標
指向「自由企業」社會中自我合法化的話語，
指向以市場為中心的信仰體系。

　　威廉斯曾經承認，他早期的大部分文學批
評都可以與F. R. 李維斯確立的典範相適應。
突破這種典範始於他的重要著作《鄉村和城

市》（1965年開始寫作，1973年出版）。在這
部著作裡，他不僅把某些寫作形式置於其歷史
背景，而且把它們重寫於「一個活動的、衝
突的歷史過程之中，在這個過程裡，真正的形
式由時明時暗的社會關係創造出來。」[3]1970
年以後，隨著他論交流、電視、技術和文化形
式的開拓性著作的出版，威廉斯發展了他的所
謂「文化唯物主義」的立場。他自己解釋說，
文化唯物主義「是在其實際生產方式和條件
內部對所有表意形式進行分析，包括非常重要
的寫作。」[4]

　　霍爾在他的著名文章〈文化研究：兩種典
範〉（1980）裡，將威廉斯的理論稱之爲「文
化主義」（culturalism），認爲威廉斯集中注意
的是人類實踐的經驗和感受，刻意分析意義和
價值的生產，強調語言和交流作爲社會構成力
量的重要性，強調機制和形式以及社會關係和
形式常規的複雜的相互作用。確實，在威廉斯
的《漫長的革命》、《現代悲劇》、《從狄更
斯到勞倫斯的英國小說》，以及60年代和70年

代初期的其它作品裡，這種情況表現得非常清
楚。但威廉斯認為，把他的理論稱之為文化主
義不僅容易誤導，而且是片面的、割裂的，因
此也是歪曲的。在1976年寫的一篇文章裡，
威廉斯說他的方法一直是唯物的、辯證的、歷
史化的：

> 一種文化理論是一種（社會和物質）
> 生產的過程，是特定實踐的過程，「藝
> 術」的過程，是物質生產方式的社會運用
> （從作為物質的「實際意識」的語言到特
> 殊的寫作技巧和寫作形式，一直到機械和
> 電子的交流系統）……這是一種文化過程
> 的歷史變化的理論，它必然（不得不）聯
> 繫到一種更廣泛的社會、歷史和政治的理
> 論。[5]

　　至此，他已經遠離了從早期作品得出的那
種「整個生活方式」的定義，遠離了「文化主
義」或別人指責他的「激進的經驗主義」。正
如在其《關鍵詞》的開始所表明的，威廉斯對

經驗的兩種意義或兩種用法進行了區分：一種是作爲教訓所反映、分析和評價的過去的經驗；另一種是作爲一切推理和分析的直接和真實基礎的現在的經驗。這樣，透過將經驗置於語境之中，威廉斯改變了他的話語，使經驗與活動的意識聯繫起來，與作爲社會條件或信仰系統產物的「經驗」形成對照。

二、文化是社會的和物質的實踐

從70年代中期開始，威廉斯將他關注的重點轉向作爲社會和物質實踐的文化，不再以原始的、未經干預的經驗爲基礎，而是以構成社會整體結構的生產過程的特徵爲基礎。各種生產過程總合起來構成多層次的、不斷運動的社會整體的特徵，具有通過不斷變化的歷史條件來協調的決定作用。威廉斯認爲，文化實踐並不完全是話語的方式。方式和價值產生於特定社會的形成過程，語言和其它的交流方式只

是重要的構成力量。因此，在機制、形式、常
規和思想結構之間存在著一種複雜的相互作
用，其中政治問題和經濟問題深刻地交迭在一
起。然而，按照威廉斯的解釋，在歷史唯物主
義的範圍內，關於物質生產獨特性的理論如何
聯繫權力的現實，如何從政治和道德上聯繫統
治和服從的問題呢？

　　從《文化和社會》到他1973年的著名文章
〈馬克思主義文化理論中的基礎和上層建
築〉，威廉斯一向注意權力問題，或者說注意
「統治」問題。這必然導致意圖和人的力量的
問題。在擯棄了資產階級單個主體的拜物心理
之後，威廉斯在一個經過重構的歷史唯物主義
的總體框架之內，面對的是主體和主體性的範
疇問題。對此他在《馬克思主義與文學批評》
中作了概要而清晰的論述。

　　為了對60年代初期湯普森的批評作出反
應，威廉斯認真閱讀了葛蘭西的著作，發現並
接受了他的「霸權理論」（hegemony theory）。
在評論《漫長的革命》時，湯普森論證說，任

何社會的整體性都必然充滿對立生活方式間的
矛盾。威廉斯對此表示同意，但他對經典馬克
思主義的基礎和上層建築中的「基礎」作了不
同的解釋；他認為基礎不是一種一致的狀態或
固定的機制，而是實實在在的人們的具體活動
和關係的綜合，充滿了矛盾和變化，是一個開
放的、有活力的過程。按照威廉斯的設想，強
大的生產力──人類透過性關係、勞動、交流
再生產自己，人民共同生產自己並創造自己的
歷史──是基礎而不是上層建築或附屬現象。
威廉斯把資本主義的商品生產與普遍意義上的
「人類生命和力量的生產」區別開來，而人類
充分存在的生產是進行區分的原則。

　　威廉斯批評盧卡奇抽象的整體觀，認為他
強調形式而沒有內容。他重新推敲自己對綜合
的、有區分的整體性的看法，以集中和分散的
社會意圖為基礎，將階級衝突作為主要癥結：

　　　　因為，雖然任何社會確實是這種實踐
　　　的一個綜合的整體，但同樣真實的是，任

何社會都有一種特殊的組織，一種特殊的
結構，而這種組織和結構的原則，可以看
作直接與社會意圖相關，我們以這些意圖
限定社會，這些意圖在所有我們的經驗中
都是某個特定階級的準則。[6]

當威廉斯運用葛蘭西的霸權理論時，這種
意圖性便變得更加明確。葛蘭西所說的霸權，
實際指的是實踐、意義以及作為實踐體驗的價
值的中心體系。因此霸權統治以一種絕對性轉
化到實際經歷的現實，誘使人們對它贊同，從
而對人們行使有效的控制。它不是一種強加的
意識形態，也不是強制的一些看法。用威廉斯
的話來說，霸權是「實踐和期望的整體；我們
對能量的分配，我們對人及其世界的性質的普
通理解」。它滲透到公眾意識當中，是一般公
民的「常識」，是多數人同意的看法。

威廉斯喜歡葛蘭西對霸權的思辨運用，因
為這種霸權概念突出了支配和服從的事實，突
出了其中隱含的張力和對抗。威廉斯用這個概

念把他在《漫長的革命》裡所說的三個文化層次統一了起來，即在特定時間和地點實際經歷的文化、記錄的文化（從藝術到日常行爲）、以及選擇的傳統文化。他認爲，任何傳統的有效性都依賴於它得到體驗，或者說融入一種有效的、支配性的文化；而這種支配性也依賴於變化的融合過程。在威廉斯看來，霸權的概念爲文化分析提供了一種更靈活的方法，因爲它使人可以把握支配的和共同選擇的意義、價值和態度間複雜的相互作用，包括文化的融合過程。更重要的是，它使人可以理解對立的、新出現的文化形式和實踐，而這些新的形式和實踐將力圖改變主要的社會和政治安排。

在分析霸權統治的動態性時，威廉斯承認歷史的發展變化，從而使他的社會構成過程概念也複雜起來。他認爲，社會是一種秩序，由選擇性的、支配性的和對抗性的意義和實踐形式（分類爲「遺存的」、「統治的」和「新出現的」）構成，而這些不同的意義和實踐形式以特殊的聯合方式共存。統治像傳統一樣，也

是一個有意識地選擇和組織的問題。社會機制確實可以影響選擇的傳統，與其它話語方式或表意行為競爭。但威廉斯強調，儘管話語、表現或象徵系統影響機制，機制與它們或它們的偶然聯合並不一致。

那麼，這種方法究竟有什麼倫理或政治的後果呢？對此威廉斯提出了下面的探討思路：霸權或融合戰略可以聲明，社會構成究竟在什麼程度上會進入整個人類的實踐和經驗。它指出了什麼是已知的，什麼是可知的，儘管主導秩序總是有意識地進行選擇和組織，整個排除實際和可能的人類實踐。顯然，對阿多諾所說的「文化工業」的誘惑，對布希亞的「仿真幻影和模仿體系的看似窮盡了的昇華」，威廉斯試圖提供一種矯正的方式。在他看來，「沒有任何生產方式，沒有任何支配的社會或社會秩序，因而也沒有任何支配的文化，能夠真正窮盡整個人類的實踐、人類的能量、人類的意圖。」[7]

三、文化是感情結構

　　威廉斯認爲，精神動力、創造的意圖性、以及在集體和個人方面的選擇，都在「感情結構」內部發生作用，感情結構可以說是衡量實際和可能之間差距的一種啓發式的分析範疇。前面已經提到，威廉斯極力避免形式主義美學的歸納及其後現代主義的變體，堅持「恢復整個社會的物質過程，尤其是作爲社會性和物質性的文化生產過程」。因此，人們必須牢記思想構成中文化實踐的多樣性、傳播和接受的機制、文化生產的物質方式、語言的社會特徵、以及所有這些不同文化實踐的歷史「決定」。儘管威廉斯自稱他的分析方法是一種激進的符號學，但他否認美學可以脫離社會，否認後結構主義對文本性的迷戀。他對語言的看法是：

　　　　我們也可以漸漸看出，一個符號系統

本身就是一種特殊的社會關係結構：從
「內部」看，因為這些符號依賴於關係並
在關係中形成；從「外部」看，因為這種
系統依賴於賦予它活力的機制並在機制中
形成（機制同時是文化的、社會的、經濟
的）；從整體上看，因為一個「符號系
統」——如果得到正確的理解——既是一
種特殊的文化技術，同時也是一種特殊形
式的實際的意識：在物質社會進程中事實
上統一起來的那些明顯不同的因素。[8]

　　威廉斯認為，在後期資本主義社會危機的
種種徵象中，語言只是隱含其中的實踐之一。
面對個人生活在意識形態上的神秘化，威廉斯
強調在形成共同性的過程中，必須藉由強調交
流方式的作用建立某些聯繫。他反對庸俗馬克
思主義的機械化公式，即認為文化只是對獲取
利潤的商品生產的一種反映，同時他透過將語
境和集體歷史化，也反對結構功能論的實證主
義原理。為了探討歷史決定作用，他重新回到

不可迴避的歷史壓力和局限，回到肉體和自然
本性的壓力和局限。他這樣做並不是要恢復機
械決定論，而是要恢復意圖的原則。他本人滿
足於對社會力量和發展方向進行一種「認知
的測繪」（cognitive mapping），因爲這些力量
和方向積澱於特定的傳統和各種不同的構成之
中，可以透過「感情的結構」和「可知的共同
性」發掘出來。

　　威廉斯重新發現和限定社會力量的努力，
在他對電視所表現的當代社會「戲劇化的意
識」的概括中有著清楚的論述。在〈戲劇化社
會中的戲劇〉一文中，威廉斯提出了一種關鍵
的看法：人們生活在一個更複雜的、不可知的
社會當中。「今天我們生活在封閉的房間裡，
生活在電視機前我們自己的生活裡，但需要觀
看『外面』正在發生什麼：外面不是指具體的
街道或特定的社區，而是指一種更複雜的、原
本沒有中心或不可能有中心的民族生活和國際
生活。」[9]

　　但是電視所提供的流動的經驗，有助於使

觀眾了解世界的那些表現，透過官方的觀點完
全壓倒了個人隱私的最後防線。在一篇評論
1972年慕尼黑奧林匹克運動會的文章裡，威廉
斯使人感到一種殖民化的經驗：運動會的報導
變成了一種傳統的民族-國家政治的戲劇。但
是這種有準備的或者支配性的觀點，由於劫持
人質和11名以色列運動員與6名巴勒斯坦游擊
隊員死亡的悲劇被突然中斷：

　　　　在慕尼黑令人感到震驚的是，已經安
　　排好的世界面貌，突然被世界一些地方的
　　真實情況的某個因素破壞。這帶有某種必
　　然性，因為那種安排好的表現行為，已經
　　創造出一個政治壓力點……這種[官方奧
　　林匹克儀式]是否是常規的、有規則限制
　　的競賽結果之一：即每一個時刻都是一個
　　始點，所有先前的歷史都被忘記？難道許
　　多榮譽革命中沒有反常現象？難道在黑色
　　的九月之前不存在民粹派、茅茅族、嚴厲
　　的幫派和上千種其他人？我知道我只能悼

念那 17 位死者，假如我記得使他們成為
受害者的歷史：一種不斷繼續的、沒有規
則的歷史 ……[10]

電視報導突然中斷，但並不提供任何記憶
或責任感。因此人們需要用威廉斯的那種文化
分析來對整個經驗的綜合作出反應，這種經驗
會被電視時間的常規和節奏模糊、歪曲或神秘
化，而電視時間的節奏則被體育事件、商業廣
告、以及官方支配的「常識」決定。

在關於馬爾維納斯島海戰事件的電視報導
中，威廉斯從大眾媒體中分辨出一種拉開距離
的意圖，並認為這種意圖可以使合乎憲法的權
力主義處於支配地位。他指出，電視與戰爭拉
開距離可以透過官僚文化實現，而官僚文化早
已拉開了與大批人失業現實的距離：

玩世不恭的後期資本主義文化──它
曾經用國旗圖案做內褲或手提包──彷彿
一夜之間就轉向了一種表示尊敬的物神崇
拜，這種崇拜雖然呈現出不同的色彩，但

卻同時出現在布宜諾斯艾利斯的大街上。……戰艦的沉沒令人震驚和悲哀，然而卻被居支配地位的情緒封鎖了起來。……現在需要開始的更大的論點是關於距離的文化，潛在的異化的文化，在這種文化內部，男人和女人被變成模型、形象、以及在嗓子裡的迅速呼喊。[11]

威廉斯認爲，職業性的事件安排，對戰爭和死亡的實際經驗作遠距離的推測，以及經過淨化處理的抽象──所有這些都關係到在具體化和抽象知識的基礎上興盛起來的階級和帝國制度。

四、文化的民主化

從《文化和社會》(1958)到《交流》(1962)和《電視：技術和文化形式》(1974)，從《鄉村和城市》(1973)到《寫作和社會》(1981)，

威廉斯的追求非常明確：透過大眾參與政治決
策，最廣泛地得到教育，獲得交流的能力和手
段，使文化民主化。早在1958年發表的〈文化
是普通的〉論文裡，威廉斯就反對對文化進行
等級劃分（即分爲高級、中級和大眾或通俗的
文化），並猛烈抨擊了這種等級劃分的理論原
則。他認爲，對於文化普通的東西而言，指的
就是普遍存在的東西：每一個社會都要找出共
同的意義和方向，「在經驗、關係，以及發現
的壓力之下」，透過「積極的爭論和修正」得
到發展。除了所有人都同意的意義之外，文
化還包括藝術和學識，即「發明和創造努力的
特殊過程」，或將個人意義和共同目的相結合
的過程。因此，有政治責任感的知識分子，就
是根據下列的價值觀解放千百萬人的改革力
量：

　　　普通的人民應該進行統治；文化和教
育是普通的；沒有什麼要拯救或指導的大
眾，相反，這個人數眾多的大眾正在極其

迅速地、令人困惑地擴展他們的生活。一
個作家的工作是表現個人的意義，並使這
些意義變成共同的東西。我發現這些意義
在變化過程中也不斷擴展，在那個過程
中，必然發生的變化，自己把自己寫進國
土，語言雖然發生了變化，但聲音卻相
同。[12]

　　這種使文化民主化的思想引起了一些人的
指責，被稱作「狹隘的、排他的民族主義」。
這顯然是出於對威廉斯的「共同文化」思想的
誤解。實際上，威廉斯在論述這個問題時明確
採取了馬克思主義的觀點。他指出，在有階級
劃分的社會裡，「文化不可避免地會帶有階級
內容和階級影響，而在社會的歷史發展當中，
文化必然會隨著人和階級關係的變化而變
化。」[13]威廉斯堅持認為，文化不是少數特權
階層的財產和創造；由特定生活形式構成的意
義和價值觀念，產生於所有人的共同經驗和活
動。但是，對那些意義和價值觀念的創造、闡

述和交流，卻受到教育制度、作品支配權、以及交流工具私有制的限制。而可能的「文化共同體」或「共同性的自我實現」，也受到特定社會階級劃分的限制。因此威廉斯解釋說，他是在用「文化的共同因素的概念——它的共同性——作爲一種批評方式」，批判資本主義的社會安排：「一種共同的文化並不是少數人的意義和信念的普遍擴展，而是創造一種條件，使全體人民參與意義和價值的解釋，並在這種和那種意義之間、這種和那種價值之間作出相應的決定。」[14]考慮到一個社會可能出現意義和價值「相互決定」的問題，威廉斯也預想了可能出現的危險：「共同文化」意味著標準化、一致性，強制推行一個標準。

顯然，威廉斯的「民主參與」設想絕非狹隘的民族主義。從下面引用他的這段話裡，我們或許可以更清楚地看出這點：

　　　共同文化的概念絕不是指一種完全一致的社會，更不是指一種只是符合的社

會。人們再次回到最初所強調的意義由所
有人共同決定的看法，這些人有時作為個
人行動，有時作為群體行動，他們處於一
個沒有特定目的的過程當中，這個過程在
任何時候都不能認為已經最終實現，已經
完成。……在談論共同文化時，人們實際
上是在要求那種自由的、做貢獻的、共同
的參與過程，即共同參與意義和價值的創
造……[15]

這種真正民主參與的基本原則，構成了威
廉斯文化理論的基礎，而且使他對自己時代的
新發展特別敏感，如婦女運動和生態問題等。
除非人們故意歪曲他的作品，否則威廉斯絕不
能被指責為階級簡化論或狹隘的民族主義。

其實，早在女性主義盛行之前，威廉斯就
曾強調「生育和培養系統」。正如伊戈頓（T.
Eaglton）所說，威廉斯的小說探討了家庭、性
別和婦女的工作等問題，比他的批評更加深
刻，雖然在《從狄更斯到勞倫斯的英國小說》

（1970）裡，他的批評確實也揭露了男性統治
的破壞性。

　　從60年代後期開始，威廉斯對婦女解放
運動持歡迎態度。不過，他堅持把從性到消費
的意識形態的歸納置於這樣的語境：「當代社
會變化的矛盾是那種尚未完成的解放婦女和兒
童的努力，是使婦女和兒童擺脫傳統上極端受
壓的狀況、擺脫家庭內部重新產生的暴行的努
力，這種努力像資本主義社會內部各種人類解
放一樣，由於該制度本身所形成的必須履行的
責任而複雜化了。」[16] 他還評論說，「幾乎
不可能懷疑人類生育和培養的絕對重要性，也
不可能懷疑它從未被懷疑過的肉體性。」[17]

五、文化的空間

　　關於後現代鼓吹的多元性、差異性和身份
政治，威廉斯可以說是最早進行「文化研究」
的先鋒，他充分意識到地區、地域的聯合、國

家、民族、以及宗教信仰的情感力量。他歡迎
「新社會運動」（new social movements）致力於
跨學科的、超越階級的事業，如消除核武器、
生態學、婦女解放等等。儘管許多激進分子都
倒退到新自由主義，但威廉斯仍然堅持馬克思
主義的主要論點，認為剝削會繼續產生階級意
識和相應的組織。不過威廉斯一開始就知道，
普遍的階級聯合不可能自動出現，它必然要取
代其它的一些關係。他辯證地站在這個論點的
兩面：「我承認從這種基本剝削產生的普遍形
式──這種制度儘管有各種地區性的變化，但
在每個地方都可以辨識出來。然而反對它的鬥
爭實踐，卻總是進行其它類型的更特殊的聯
合，有時還被這些聯合改變了方向。」[18]

在《鄉村和城市》一書裡，威廉斯討論了
買賣奴隸和對殖民地土著的剝削，指出它們如
何產生出以英國為家的觀念，如何保持了那種
關於鄉村生活的田園神話。他認為，辯證地
看，這種殖民地退休商人和官員的歸屬感和共
同性，產生於種植場奴隸的根除。威廉斯的構

成分析法可以使人看出，英國鄉間吸引人的遊
戲方式，依賴於殖民化的本土非洲或亞洲居民
的痛苦和貧困。他欣賞一些非洲作家（例如
阿契貝）小說中出現的新傳統，認為這是對新
的需要的一種反應，是以殖民地窮鄉僻壤的生
活記錄影響大都會日常生活的感受和節奏。
「下等人」通過一種豐富的文化底蘊，以自己
的真正團結，談論他們對殖民文化的否定、適
應和反抗。

　　因此，在《2000年》（1983）和後來論現代
主義的一些文章裡，在威廉斯關於戰爭、生態
學和南北關係的話語裡，「帝國」既是一種字
面意義的參照，同時也是一種象徵的修辭。我
們知道，威廉斯生長於一個邊緣群體之中：農
場主、農業工人、教員、牧師，以及鐵路工人
混雜在一起。青年時代，他參加支持中國和西
班牙的群眾運動；家鄉的影響和他在第二次世
界大戰的親身經歷，使他對第三世界反抗地主
或帝國主義統治的人民充滿同情。他承認這些
革命中的悲劇和痛苦，但他促使人們考慮整

個行動：不僅考慮邪惡，而且考慮與邪惡作鬥
爭的人；不僅考慮危機，而且考慮行動釋放的
能量，從中學到的精神。」[19] 他本人有三十
多年的時間一直積極參與各種進步活動，如銷
毀核武運動、反對英國支持西方壓制有色人種
的自決等等。

　　1984年，在一篇關於〈政治和學識〉的訪
談錄裡，威廉斯對反動的民族主義和進步的民
族主義進行了區分：前者是工黨那種以單一的
英國爲基礎的民族主義，後者是殖民地或其它
被壓迫人民的民族主義。他揭露英國中心化的
民族─國家，以一種僞造的「英國中產階級普
遍性」爲基礎，譴責政治表現中的寡頭統治和
歧視的特徵。爲了對抗這種反民主的現狀，他
認爲地區性和其他一些有力的聯合需要動員起
來，形成一種新的非中心化的社會政治，承認
超越民族或階級意識的聯繫機制：「國際經濟
的激增和非工業化對舊的社會區域的破壞性影
響表明，『地域』在聯繫過程中是一個關鍵的
因素，對工人階級也許比對有產階級更加重

要。當資本繼續擴展時，地域的重要性就會更加清楚。」[20]因此，民族的同一性是一種動態的綜合，由地域、集體或人民的記憶、語言、以及從日常生活鬥爭中形成的意義合成。共同的興趣和目的不僅涉及階級，而且也涉及婦女和家庭現實，涉及從群眾運動中產生的集體性。

　　正是在這一點上，尤其在《2000年》當中，威廉斯試圖取代鄉村和城市的公認模式，即鄉村和城市是資本主義生產的空間區分，要求在一種更大的可以變化的社會主義框架內實行「公正生活的新政治」。於是文化研究現在需要包括對環境的關注，因為關鍵的社會和政治問題都集中在這種關係方面。威廉斯的生態學設想不是單方面的，而是辯證的，導向「在一個得到充分理解的物質世界和一切都是必然的物質過程之內積極 『生活』 的觀念」。[21]1982年他在〈社會主義和生態學〉一文中批評教條馬克思主義的態度，他認為所謂征服自然或支配自然，暗含著為了商品生產而毫無保留

地窮盡不可恢復的資源，而這種勝利主義的擴展精神，無異於古典的帝國主義原則。威廉斯指出，這種對征服自然的迷戀，今天伴隨著對消費/獲取理想的美化，也伴隨著對男性統治的堅持。因爲人類本身就是自然的一個組成部分，所以無限擴大和強化生產本身並不會消除貧困、異化和其它相關的災難。其實，有一些真正的物質局限並非產生於社會－歷史的必然。

在威廉斯看來，任何持續增長的規劃都需要改變生產和分配的組織方式，改變不同生產形式的先後秩序；而其先決條件是社會和經濟機制的根本變化，尤其是如何進行政治決策。這種情況特別適用於國際上的競爭，例如關於商品供應和價格的鬥爭不僅決定著世界經濟，而且也決定著國家間的政治關係。最終，生態學作爲資源問題——威廉斯稱之爲「當前整個資本主義生產方式的壓力點」——是一個世界範圍不平等的問題，是一個關係到國家之間戰爭和和平的問題。當然，它也關係到生活標準

的問題。

　　在威廉斯的晚年，他曾對文化理論和文化
研究作過認真的思考。收入《現代主義的政
治》（1989）裡的兩篇文件──〈文化理論的運
用〉和〈文化研究的未來〉──清楚地表現了
他的基本觀點。

　　在第一篇文章裡，威廉斯提醒我們，文化
作爲一個表意系統涵蓋著日常生活的整個活
動、關係、機制和習慣，因此文化理論應該置
於具體的社會和歷史情境中來考察。威廉斯強
調必須考慮具體性，反對把社會範疇一般化地
應用於文化生產；他認爲必須探討各種不同
的、具體的人類活動的關係，並把它們置於
「可以描述的整個歷史情境之中，這些情境實
際也在發生變化，而且現在也可能改變。」[22]
因此在威廉斯看來，不論是新批評還是結構主
義和後結構主義，所有形式主義的分析都是不
充分的，因爲它們無法把握藝術的變化多麼不
同的情況，也無法把握這種變化如何指明動態
的歷史過程。換句話說，形式必須歷史化，意

圖必須社會化。

威廉斯認爲，在分析文化形成過程中，引入葛蘭西關於統治和知識分子作用的理論，可以深化文化理論並擴展其應用範圍。文化現在變成了權力和其它各種不同力量對抗的場所。正是根據這種聯繫，威廉斯從關於教育結構和新傳媒影響的爭論中恢復了文化研究的真實系統。新的傳媒極大地改變了公認的文化事業的定義。維持文本和語言典範的批評家的影響，例如索緒爾的影響，威廉斯一律認爲有害，因爲它否認了全面文化分析的首要任務，即「辨識文化形成的基質」，「分析使作品形成的特定關係」。文化研究考察從社會和歷史方面能夠說明作品形成的力量，「這種力量必須既包括內容又包括意圖，具有相對的確定性，然而作爲力量又可以被充分利用，不僅用於其內部（文本）的特定性，而且用於社會和歷史（整體形式）的特定性。」[23]

按照威廉斯的觀點，文化研究不僅涉及作品或文本，而且涉及知識分子（就其廣義而

言）的機制和構成。因此，這需要進行歷史和
結構的分析，以便確定目的、意圖和後果。威
廉斯的這個觀點集中體現在他的論文〈廣告：
魔幻系統〉當中。他認爲廣告是現代資本主義
社會的官方藝術，是一種交流形式，由社會、
經濟和文化等多種力量共同作用形成；廣告是
一種文化模式，是關於對物體需要的反應，這
些物體「需要透過與社會和個人的意義相聯繫
來加以證實」，而社會和個人的意義在日常生
活中並不那麼容易了解或發現。廣告這種神奇
的誘惑和滿足系統是一種市場機制，爲了獲得
利潤，使人們難以區分自己究竟是消費者還是
使用者。因此，在一種只有少數人制定重大社
會決策的體制內，消費被當作「主導的社會目
的」提供給廣大的民眾—消費者。但是，許多
社會需要，例如醫院、學校、平靜等，並不能
透過消費的理想來滿足，因爲消費總的說來是
一種個人活動。

　　威廉斯認爲，爲了滿足一系列基本的社會
需要，就會對「經濟體制的自律性」提出質

疑。消費理想透過廣告形成。廣告「運作的目
的就是要保持消費理想，使其避免根據經驗對
它的無情批評。」[24]廣告的神奇氛圍掩蓋了普
遍滿足人類需要的真正源頭，因爲按照威廉斯
的觀點，「它們的發現會涉及整個共同生活方
式的根本改變」。廣告是一種徵象，表明「社
會未能對廣泛的經濟生活找到提供公共訊息和
決定的方法」。威廉斯詳細論述了這種失敗後
指出，支配的價值和意義並不能回答或解決死
亡、孤獨、心理障礙、對愛和尊重的需要等問
題，因此作爲構成的幻想的廣告，其作用便是
把「軟弱與產生軟弱的條件」結合起來。這種
把廣告作爲交流形式的分析會導致一種審慎的
批判：若要打破這種意識形態，就需要解決資
本主義的矛盾，主要是支配的少數和「期望
過大」的多數間的矛盾。這種批判的目的是調
動每個人的道德意志和政治力量，參與改革。

　　力量的概念包含著威廉斯對文化研究的成
熟看法。他認爲，在文化研究中，最重要是
「探討並說明可辨識的文化構成」，爲此他提

出了「感情結構」、綜合觀察、可知的共同
性、新出現的/殘留的/支配的傾向等分析範
疇。在描述重要的特定關係時，他發現力量處
於運動狀態，處於與主要機制的張力和矛盾之
中；「藝術形式和實際的或希望的社會關係」
進行延伸並互相滲透。因此，他重申文化分析
的使命是：在構成的語境中了解一種思想或藝
術的設想——設想和構成是使描述物質化的不
同方式，事實上是對能量和方向的一種「共
同」安排。[25]

　　對威廉斯來說，文化研究的未來與他所說
的理論的運用密切相關，與對當代境況性質的
特殊理解也密切相關。文化研究的目的不能與
後期資本主義的危機分開，而危機的徵象之一
就是由消費理想所強化的「距離文化」（culture
of distance）。對整個危機的反應是限定和說明
一系列複雜的實踐，它們既包括同化了的殘存
制度的節奏，也包括探索性的新出現的認同節
奏。1974年，在任戲劇教授的就職演說中，威
廉斯提出的戲劇理論可以作爲他的「感情結

構」的寓意，因爲它也預想了中斷、變形、恢
復、改變的轉換或危機。它可以用作一種模式
來說明文化研究真正要做的是什麼：

> 戲劇是對表現、再現、表意等相當一
> 般的過程的特殊運用。……為了新的、特
> 定的目的，戲劇把某些共同方式完全分
> 離。它不是彰顯上帝的儀式，也不是要求
> 和保持重複的神話。它是特殊的、活動
> 的、相互作用的組合：一種行動而不是一
> 種行為；一種故意從暫時性的實際或神奇
> 的結局中抽象出來的開放的實踐；一種對
> 公眾和可變的行動開放的綜合儀式；一種
> 超越神話、導向戲劇性的神話和歷史觀的
> 運動……

威廉斯認爲，這種「活動的、可變的、實
驗性的戲劇」出現在危機和轉變時期，在這種
時期，特定的社會秩序要受到經驗、正在出現
的斷裂、可能的選擇，以及其它變化的檢驗。
換句話說，他的戲劇觀實際上是一種「綜合觀

察」，透過這種觀察形成他那種假設的文化分
析模式。

　　從他那種假設的角度看，文化研究主要是
讓盡可能多的人了解市場經濟和官僚抽象所否
認的那些人類社會的知識。也就是說，威廉斯
認爲文化研究應該接受種種更廣泛的共同關
係，尋求從資本主義異化世界到他所說的
「新生活方向」的解放，從而進入一種「實際
的、自我管理的、自我更新的、人們首先互相
關心的社會」。換言之，文化研究的目的是促
進真正的民主，使生產制度和交流機制滿足人
類的需要，推動人類潛能的發展。

六、威廉斯的貢獻

　　概括地講，威廉斯對文化研究的貢獻有以
下幾點。
　　第一，他提出了文化作爲社會進程和實踐
的概念。社會進程和實踐以物質的社會關係爲

基礎，包括維持系統（經濟）、決策系統（政治）、學習和交流系統（文化）和生育培養系統（社會再生產範疇）。文化研究必須以這些關係爲基本原則。

第二，他論證了一切文化實踐和進程的歷史化，指出這種歷史化產生於對後期資本主義社會的意識形態和政治的理解，可以說明南北經濟不平等的問題、生態失衡的問題，以及種族—民族衝突問題。因此文化研究必須探討國家的性質和功能。

第三，他透過分析資本主義的消費模式，提出了它所引起的種族、民族、性別、宗教和地區的不平等問題，強調聯合起來對這種消費模式進行批判。而文化研究透過對實際經驗的描述、了解、交流和堅持，可以對權力、財產和生產等關係進行限定和平衡。

第四，他闡述了文化研究如何產生出適用的知識，使不同社會群體以各自的歷史經驗發展一種參與的、創新的、民主的相互作用，透過擴大公共教育和各種公共交流方式達到一種

共同的文化。由於學習和交流過程對文化研究
至關重要，威廉斯設想了「漫長的」文化革
命，並認爲它應致力於社會的根本變革，推進
這樣的價值觀念：「人類應該增長才幹和能力
指導自己的生活——創造民主機制，爲人類工
作找到新的力量源泉，擴展理解所必須的表達
和交流經驗的方式。」[26]

　　第五，他突出了中介力量和意圖的重要
性，說明文化研究最重要的是使它的主題成爲
各種社會問題都可以介入的場所。威廉斯一生
都反對屈從、中立的思考和後悔同情。但他認
爲，在任何革命轉變中都存在著與壓力妥協的
危險，也存在著機會。因此文化研究的介入就
是要「使希望變得實際，而不是拼命地使人相
信」。

　　最後，筆者想引用威廉斯的原話來說明他
所提出的文化研究的更大使命：

　　　　我們正在經歷一次漫長的革命，它以
　　相關的方式同時是經濟的、政治的和文化

的，在不斷改造自然的過程中，它改變人
也改變制度，改變民主自治的形式，也改
變教育和交流的方式。儘管這個過程既不
平衡又充滿矛盾，但加速它的發展卻是思
想、道德和政治價值的主要標準……

　　……我認為，資本主義社會所產生的
意義和價值體系，必須透過持久的思想教
育工作徹底地擊敗。……不錯，在鬥爭中
人們會透過行動發生變化。但任何像居支
配地位的感情結構那樣深刻的事物，只有
透過新的積極的體驗才會改變。成功的社
會主義運動的任務無疑是感情和想像的任
務，並不是狹義的想像或感情——「想
像未來」（這是浪費時間）或「事物動情
的一面」。相反，我們必須互教互學，了
解政治和經濟構成之間的聯繫，文化和教
育構成之間的聯繫，也許最困難的是感情
和關係構成之間的聯繫——它們是我們一
切鬥爭中的力量源泉。[27]

註 釋

[1]Stuart Hall, CRITICAL DIALOGUES IN CULTURAL STUDIES, eds. David Morley and Kuan Hsing Chen (New York: Routledge, 1996).

[2]Raymond Williams, THE LONG REVOLUTION (New York: Columbia University Press, 1961), p.55.

[3]Raymond Williams, WRITING IN SOCIETY (London: Verso, 1984), pp.209–210.

[4] 同註3。

[5]Raymond Williams, PROBLEMS IN MATERIALISM AND CULTURE (London: Verso, 1980), pp. 243–244, 36, 43.

[6] 同註5。

[7] 同註5。

[8]Raymond Williams, MARXISM AND LITERATURE (New York: Oxford University Press, 1977), p.140.

[9]Raymond Williams, RAYMOND WILLIAMS ON TELEVISION (London: Routledge, 1989), pp. 8-9, 18-19, 19-21.

[10] 同註9。

[11] 同註9。

[12]Raymond Williams, THE POLITICS OF MODERNISM (London: Verso, 1989), pp. 18, 33–34, 36, 37–38.

[13] 同註 12。

[14] 同註 12。

[15] 同註 12。

[16]Raymond Williams, POLITICS AND LETTERS (London: Verso, 1979), pp.148-149, 147.

[17] 同註 16。

[18]THE POLITICS OF MODERNISM, p. 318.

[19]POLITICS AND LETTERS, p. 83.

[20]THE POLITICS OF MODERNISM, pp.242, 237, 164, 172.

[21] 同註 20。

[22] 同註 20。

[23] 同註 20。

[24]PROBLEMS IN MATERIALISM AND CULTURE, p.188.

[25]THE POLITICS OF MODERNISM, p.151.

[26]Raymond Williams, COMMUNICATIONS (London: Penguin Books, 1962), pp.125-126.

[27]Raymond Williams, RESOURCES OF HOPE (London: Verso, 1989), p.76.

第四章
文化和社會的關係

　　在文化研究中，文化和社會的關係無疑是
最令人關注的問題。自從威廉斯發表《文化和
社會》（1958）以來，關於這個問題的爭論一直
未斷。威廉斯的《文化和社會》概述了否認工
業資本主義的一種英國傳統，確立了對政治經
濟結構的一種有力的批判。該書所提的「共同
文化」觀念是威廉斯立論的核心，在今天仍有
現實意義，因爲即使在冷戰結束以後，由政治
經濟結構所導致的文化不平等現象依然存在。
「共同文化」是「一個錯綜複雜的方案」，值
得進一步分析和延伸，應該從哲學、文學、神
學、社會學等不同的角度來探討達致共同文化

的過程。

　　談及文化和社會的關係，必然會涉及什麼是「文化」或文化的中心意義。一般說，當前對文化這一術語的應用有三重主要含義：第一，文化表示具有公認價值的藝術作品和思想著作，以及生產這些作品和分享這些作品的過程；第二，向外延伸，文化表示所謂「感情結構」之類的東西，包括不斷變化的社會生活方式、習慣、道德、價值觀念等綜合情況，以及行為和信念的普遍氛圍，「帶有日常生活本身那種難以察覺的色彩」；第三，進一步延伸，文化表示一個社會在機制意義的整個生活方式，藝術、經濟、社會、政治、意識形態等因素互相作用的整體狀況，以及它們如何構成整體的生存經驗。當然，在實際運用時，我們無需在這些含義之間進行選擇，因為文化可以合理地用來表示這些東西中的任何一種。

一、自由人文主義的觀點

　　關於文化和社會的關係，傳統自由人文主義者表現出一系列的悖論。首先，他們對人的價值、共同性和個人實現表現出一種積極的關懷，有時還非常痛苦，然而在將價值和關係的批判轉向對具體社會一經濟結構（價值觀念的基礎）的批判時，他們又戛然而止。這種悖論本身產生於一種更基本的悖論：自由人文主義所表現的那種公開性、寬容性和靈活性的真正價值，本身就在運用這些價值的體系內部從一種特權的地位歷史地受到遏制。在這種意義上，自由人文主義會自然消解，因爲它所推行的人文主義批判不可避免地會破壞整個社會制度，隨之而來的便是破壞它自己的有利地位。其實，它可以以批判的方式反映任何事物，但卻不能反映它自己價值的社會一經濟基礎；它的批判喚起它所批判的社會的精神氣質，而它

的方法的靈活性和多面性則表現出自己的軟弱
無能；它脫離真實的政治世界但享有特權，孤
傲清高卻沒有基礎。因此，自由人文主義實際
上有助於維護它所批判的社會制度。

　　自由人文主義的種種悖論，在其代表人物
馬修・阿諾德對文化和社會的態度中表現得最
爲明顯。他是個有教養的唯美主義者，把文化
作爲一種「絕對永恆的」東西爲之獻身，然而
他又是個激進的改革者，把文化作爲一個具體
的、歷史的、共同的過程而介入其中；他是個
自由主義者，然而又嚴厲批評自由社會的基本
型態；他可以在文學性質和社會生活性質之間
進行頗有啓示性的聯繫，然而他又在他的社會
著作中運用文學的技巧進行諷刺模仿和動情的
說服；他有時獻身於社會平等，有時又極力貶
低工人。在《文化和無政府主義》裡，他可以
破除自由主義的神聖原則，堅持自由本身不是
目的而是一種共同道德改善的手段，而在《當
前批評的功能》裡，他又把實際的人視爲生就
粗俗低下而一筆勾銷，並假定一種靈活變化的

意識是他最深刻的價值。在他的實際工作中，他非常關心共同經驗的性質；而在他的一些著作中，他又想透過外部的譏諷描寫來挖苦或降低普通人的生活。阿諾德這種含混矛盾的實例比比皆是。例如他的〈平等〉一文，在為一種平等社會辯護之後，又繼續以這樣的方式描寫平等：「不論他與上等人還是下等人混在一起，紳士也覺得他並非處於一個陌生或令人反感的世界，而是處於一個人民對生活提出同樣要求的世界……正如他自身所做的那樣。」在一、兩句話裡，一種論點變成了英國紳士輕鬆地待在俱樂部裡的那種傳統意象。不過，阿諾德體現了文化和社會關係的一個方面，在這裡，文化這一術語的兩種原始意義──文化是理想的價值，文化是一種可實現的整體生活方式──確實無法輕易地聯繫起來。

在文化和社會關係的爭論中，一個重要的突破是威廉斯所說的「共同文化」的概念。為了說明這個問題，我們可以把威廉斯、艾略特和李維斯的觀點加以比較，因為這三個人分別

代表著激進的、保守的和自由的觀念。

二、李維斯和艾略特的看法

　　按照李維斯的看法，在過去的「有機」社會裡，藝術和共同的生活互相聯繫，但在商業主義和市儈文化的語境裡，它們的關係基本上是一種互相限定的敵對關係。就是說，文化（藝術）透過有意識的努力盡量不受社會墮落的影響，使它的創造性進展滲透到少數人的意識和行為之中，培育一批非常敏感而又保守的精英分子。這與十九世紀的自由人文主義一脈相承，它也認為存在一些保留下來受到限定的價值，對這些價值而言個人可以得到承認，但若不作重大犧牲不可能延伸到整個社會。用阿諾德的話來說，對這些價值的限定和傳播永遠是「遺存」的領域，是少數敏感而正派的個人的領域——這些人既可以不受當代非創造性文化的影響，也可以不作堅持改變它的承諾。

雖然這些價值本身是社會性的，涉及到人類關係和道德精神的性質，但對它們進行限定的力量卻是自由一個人主義的，就是說，在一個冷酷的、非個人的社會裡，它偏執地探討「個人」生活的種種可能，而不是將這些價值與社會一政治力量聯繫起來，儘管社會一政治力量可以使它們在共同生活中得到普遍體現。這是因為，政治、技術、意識形態、制度、甚至民主，都會部分地危及這種基本上是個人的自發性，所以任何當代的政治介入，甚至旨在改善被批評的社會的介入，統統都被不加思索地取消。相反，這些價值透過教育和個人的成長過程卻漸漸滋生蔓延。

像李維斯一樣，艾略特也懷念以前的「有機」社會；他也相信真正有意識的文化只能為精英們所有，雖然他對精英本質的看法大相逕庭。但艾略特繼承的是勃克、柯立芝和狄斯累利的保守主義傳統，而不是阿諾德的自由主義傳統；他不相信在高雅的精英和庸俗的大眾之間有一種持續的、根深柢固的張力，但相信

可能有一種共同的文明，也就是他所說的一種
「共同的文化」—— 一個共有信念、意義、價
值和行為的社會。然而，艾略特這種共同文化
的信念又受到他的保守思想的妨礙，他認為大
部分人既不會有自覺的文化也不會有自覺的信
念，而他的〈基督教社會的觀念〉和〈論文化
的定義〉就是想解決這一問題。他的解決方法
的關鍵術語是「自覺的」或「有意識的」文化
和信念。所謂「自覺」或「有意識」，實際上
表明了艾略特固有的看法：大多數人太愚蠢，
不可能有什麼信念或感悟能力，但他們在其習
慣了的無意識的生活方式和節奏裡，可以間接
地體現由有意識的知識精英所構成的那些價值
觀念。正是在這種意義上，艾略特才可以談他
的「共同文化」（實際上是共同的基督教文
化），儘管他對參與這種文化在意識層次上劃
分了等級（這些層次劃分多少有些與階級劃分
相對應，艾略特的精英對應於英國統治階級，
他自己也是其中一員）。按照艾略特的看法，
精英們的作用是加工提煉文化價值，使之進入

無意識的社會範圍，而社會不知不覺地、習慣
地實施這些價值反過來會維持並豐富文化意
識；正如人們在艾略特所繼承的那種保守思想
傳統中所見到的，社會被看作一種自我培育
的、有機的、嚴格劃分階級的循環，各個階級
在不同層次上共享一種文化，根據其構成的不
等情況爲一個和諧的整體作出貢獻。

　　這裡，爲艾略特所稱的「下等階級」直接
提供高級文化價值當然不存在任何問題，因爲
這只是增加一些被提供的東西；但是，透過強
調一種文化大部分是無意識的，它的價值可以
無意識地傳播，艾略特就迴避了擴展和保持之
間的張力。如果文化可以無意識地擴散，那麼
「大衆」便可以不知不覺地融入一種所謂的
「共同文化」而無需也具有決定價值的作用。
於是，艾略特可以同樣保持他的「共同文化」
觀和他的政治保守主義，一方面否定自由資產
階級的文化形式，一方面又堅持其政治和社會
一經濟的極端看法。

三、威廉斯和艾略特不同的
「共同文化」觀

　　關於實際經歷的文化的無意識性質，不僅
對艾略特本人的論點非常重要，而且對整個文
化研究也頗有啓示意義。因爲，如果一種文化
是一個民族的整個生活方式，那麼對這種文化
永遠不可能有完整的意識；個人意識總帶有局
限性和片面性，因此人們意識到的文化絕不是
該文化的整體。基於這種設想，艾略特的論點
便可以與威廉斯的看法聯繫起來。在《文化與
社會》的結論裡，威廉斯同樣強調實歷文化的
無意識性質，但把它與一種不同的價值結構相
聯繫：

　　　　當一種文化被實際經歷時，總有一部
　　分不被了解，一部分不被認識。一個共同
　　體的形成永遠是一種探索，因為意識不可

能先於創造，而對未知的經驗也沒有任何
成規。因此，一個好的共同體，一種有活
力的文化，對於能夠促進共同需要的意識
發展的任何人，不僅接納他們而且積極地
鼓勵他們。……我們必然聚精會神地考慮
每一種聯繫，每一種價值；因為我們不知
道未來，我們永遠不能肯定是什麼會使未
來更加豐富。[1]

對威廉斯來說，一種文化的無意識，它作
為一個整體無法從內部任何一點了解的事實，
其原因是它的開放性──它接受來自任何人的
任何貢獻。文化永遠不可能充分進入意識，因
為它從不會徹底完成。威廉斯認為，一種共同
文化的形成，是意義、行為和描述的一種不斷
交流，絕不會自我意識到是一個整體或可以變
成一個整體，而是朝著提高其全體成員意識的
方向不斷發展。

威廉斯和艾略特的主要區別是：對威廉斯
來說，一種文化是「共同的」不僅指該文化為

人們所共有，而且指該文化由人們共同「創造」，共同享有透過合作參與來協調；也就是說，一種「共同的文化」在創造和維護其各種形式（包括藝術的、政治的、道德的、經濟的等各種形式）的過程中，要求其所有的成員充分合作，共同參與。而對艾略特來說，一種文化是「共同的」指不同層次的人透過不同程度的參與和反應在不同層次上分享，這些不同的層次是固定的，也就是說對文化的有意識的限定和培育仍然是少數精英的「禁區」。

　　一種共同文化的真正意義，不是指先由其他人制定好意義和價值，然後由全體人民接受它們並被動地實現它們，而是指在全體人民的實踐中對整個生活方式不斷地改變並重新限定。正是出於這種考慮，威廉斯將文化的道德和藝術意義與政治意義聯繫了起來，將意義、情感和信念的共同性與機制和物質生活的共同性聯繫了起來。他認為，一種共同文化的形成包含各種文化結構中的共同責任、參與和支配的規則，其過程是個「充分民主的過程」，共

同文化的問題是革命的社會主義的問題。

　　人們還可以用另外的方式來說明威廉斯和艾略特之間的區別。在威廉斯對共同文化的看法中，有意識和無意識的生活是一個過程的不同方面，而艾略特則認為它們表示不同社會階級的特點。與艾略特相比，威廉斯的共同文化既更多自我意識又更少自我意識，說它更多是因為它讓所有的成員都積極參與，說它更少是因為按照這種規則所創造的東西既不能事先規定也不能在創造中充分了解。威廉斯在論及「文化」這一術語的意義時明確表明了這點：

　　　　我們必然根據我們的共同決定來計劃能夠計劃的東西。但是，如果一種文化觀念使我們意識到文化本質上是無法計劃的，那麼強調這種觀念就是正確的。我們必須保持生活的方式，也必須保持共同體的方式。但按照這些方式將經歷什麼，我們不知道也說不出。文化觀念靠的是一種隱喻：維護自然生長。實際上，不論作為

隱喻還是事實，最終必須強調的是自然生
長。[2]

這種有意識地維護自然生長的文化觀念，
使兩種因素融合在一起。因爲一種真正的共同
文化認其所有的成員有意識地充分合作，所以
它自身不可能完全清晰明瞭，也不可能全面地
加以描述。與之相對，艾略特的文化觀念則在
這兩方面打進了一個楔子，他認爲意義和價值
由少數人創造和培育，然後向無意識的多數人
傳播。於是，對艾略特來說，價值在某種程度
上可以事先規定，或者說文化的實質已經存在
於少數精英的頭腦之中，他們可以說出這些價
值究竟是什麼。而且，這些價值最終會超越暫
時性的存在，進入歷史而不會被歷史作根本性
的修正。

威廉斯和艾略特都把一個現存社會階級的
價值作爲某個新社會的創造性的象徵，但艾略
特認爲這些價值是居統治地位的少數精英們的
傳統尊嚴，而威廉斯則認爲它們是工人階級的

共同責任和平等合作的價值。在威廉斯看來，這些價值一旦延伸到新的群體，就會從根本上被重新塑造，因此他否認任何簡單的關於「無產階級」文化的靈丹妙藥；而在艾略特看來，這些價值應該穩定，因此他不期望任何對價值的改造。正是由於艾略特的文化觀念認為大多數人是「無意識的」，所以他才能「有意識」地規定價值；既然人民被解除了重新解釋和限定的作用，那麼文化在觀念上就可以說已經存在。

顯然，艾略特的「共同文化」是一種靜止的觀念，缺乏發展和辯證的思想，因此受到威廉斯的嚴厲批評。應該說，兩人都想以一種「一致的」文化與「共同的」文化相對照，都強調集體實際經歷的經驗帶有不平衡性和多樣性。但是，艾略特相信，多樣性產生於一種相當嚴格的等級結構；就是說，各個等級的人絕不會有類似的經驗感受，因為他們不會有類似的參與行動。威廉斯不同意艾略特的看法，雖然他承認不可能充分參與整個文化，但他把基

本經驗的多樣性置於一種共同文化的內容之中，而不只是進行形式的歸納。威廉斯認為，正是因為文化在其結構和意義的形成過程中要求綜合的、協作的參與，所以文化才會更豐富多樣，更開放自由——在某種意義上也更不確定。一種共同的文化還不是一種一致的文化，但它並不把當前社會視為多元主義的開放社會，而是視為一種受到壓迫性限制的社會，不僅受它的政治結構和政治設想的限制，而且也受它的大多數成員的能力的限制。威廉斯指出，我們所能期望的「不是一種簡單的文化平等（就身分而言）；而是一種非常複雜的特殊化的發展系統——其整體將構成整個文化，但對於生活在其中的任何群體和個人而言，它作為一個整體既無法獲得也無法了解。」[3]艾略特雖然也承認一種共同文化並不包含一致性，但他同意李維斯的「有機」社會的神話；用威廉斯的話說，當他想像一種共同文化時，他需要想像「一個比他的討論所涉及的任何社會都更穩定、更簡單的社會」。[4]

　　按照艾略特的觀點，共同文化的基本觀念
是「非有機的」，因爲它接受共同的解釋和限
定，並因此對特殊化的綜合開放；而它與一致
性相對的統一性，在於對共同參與規則的普遍
承認和應用。毫無疑問，人們不可能事先規定
一種共同的文化，但這並不是說它建築在虛無
之上，也不是以一種只對各種經驗的動態性開
放爲基礎。因此威廉斯指出，要達致一種共同
的文化，必須首先在普遍生活的各個層次上了
解共同體的「方式」，唯有如此才能推斷出文
化的經驗；也就是說，一種共同文化的實際經
驗，將與政治、社會和經濟共同體的實際基礎
相聯繫，就像口說的語言與語法結構的關係一
樣。在他看來，贊同創造一個真正「開放」的
社會，必然包含著承認一種「封閉的」價值判
斷；這種判斷的根據是集體的責任和平等合
作，而不是占有性的個人主義和不平等的競
爭，因此是一個良好社會的基礎。顯然，威廉
斯旨在超越自由主義和保守主義的信念，強調
物質生活共同體的調停作用。他認爲，在對政

治經濟結構承擔義務的語境中，艾略特被迫矛
盾地要求一種意義和信念的共同體，但仍堅持
一種狹隘的道德和藝術的文化觀，拒絕在最廣
泛的文化意義上與文化發生重要的聯繫。因
此，艾略特實際上消解了文化觀念中固有的東
西，他未能看到人與人的行為所體現的觀念之
間的社會關係，其實是從不同觀點出發所考慮
的同一問題。

　　威廉斯對共同文化的信念，實際上也包括
這樣的看法：透過整個社會對文化的參與和共
享，不僅不會破壞所謂的「高級」文化，而且
會對它進一步豐富和發展；但只有全體人民參
與製造作為整個生活方式的文化，「高級」文
化的豐富和發展才可能實現。這種看法帶有一
定的革命性。保守主義者對它斷然否定，認為
它在兩個層次上都帶來惡果；自由主義者雖然
承認應該了解文化價值的共同性，但卻否認或
限制那種保證了解文化價值共同性的創造力
量。顯然，威廉斯與他們的區別在於：社會是
靜止的還是運動的？是一個已經完成的結構還

是人類不斷進行的一種創造？威廉斯相信，一
種共同文化可能實現的基礎是千百萬勞動人民
的創造性，這種創造性雖未得到承認，但具有
巨大的潛在力量，只要得到充分發揮，或勞動
人民能夠真正平等地參與，文化能力的發展和
工業主義與民主的發展就會導致整個社會對它
自身經驗的控制，形成一種充分的集體責任
感，產生出一種共同的文化。

　　當前，這個過程同時面臨著問題和希望。
究竟威廉斯的共同文化能否實現，抑或只是一
種烏托邦的幻想，是否電腦文化會帶來新的希
望，所有這些都仍然有待於觀察、分析和研
究。

註　釋

[1]Raymond Williams, CULTURE AND SOCIETY, 1780–
　　1950 (New York: Harper & Row Publishers, 1958), pp.334,
　　335, 238, 236.

[2] 同註 1 。

[3] 同註 1 。

[4] 同註 1 。

第五章
後殖民理論、第三
世界作家、民族主義

一、後殖民理論要義

　　詹明信認爲，後殖民理論與後現代主義一樣，直接源於歷史的發展。歐洲帝國的衰落，它們被美國世界經濟霸權的取代，民族國家的逐漸消亡，傳統地理政治邊界的消失，大量的全球移民，所謂的多元文化社會的創立，西方社會內部對少數民族強化的剝削，新的跨國公司日益膨脹的可怕的權力──所有這一切自60年代以來不斷發展，因而出現了空間、權力、

語言、身分等概念的革命性變化。由於文化就
其廣義而言接近於這些問題的中心，所以它們
對關注狹義文化的傳統人文科學產生了重大影
響。正如大眾傳媒的支配性強迫人們重新考慮
經典界線一樣，「多元文化主義」對西方構想
它的身份和在經典藝術作品中表達它的身份的
方式也提出挑戰。文化研究和後殖民主義是兩
股相關的潮流，它們共同採取的關鍵一步超越
理論的「方法」問題，儘管這些問題曾支配早
期的文學理論。現在的關鍵是「文化」本身變
成了問題，它在超越孤立的藝術作品進入語
言、生活方式、社會價值、群體身分等領域的
過程中，不可避免地與全球的政治權力問題交
叉在一起。

　　其結果是打開了狹隘的西方文化典則，恢
復了曾被圍剿的「邊緣」群體和民族的文化。
它也意味著使某些「高級」理論問題回到當代
全球化的社會。「後設敘述」（meta-narrative）
的問題不再只關係到文學作品，而且還關係到
啓蒙運動之後西方掩飾其帝國主義計劃的方

式。在種族主義、民族衝突、新殖民主義統治的語境中，身分和範疇的解構與非中心化顯示出新的緊迫性。「他者」（other）不再只是一個理論概念，而是指歷史上被排除的群體和民族，即那些被奴役、侮辱、甚至被滅絕的群體和民族。分裂和投射、否認和拒絕等精神分析的範疇，變成了分析殖民和被殖民之間心理―政治關係的方式。「現代性」和「後現代性」之間的爭論，在邊緣文化中產生出特殊的力量，這些文化日益被拖進後現代西方的軌道，而自身並未充分經歷西方的那種現代性。

實際上，後殖民理論並不只是多元文化主義和非殖民化的結果，它還反映了一種歷史的轉變，即從 70 年代開始萎縮的第三世界革命民族主義轉變到一種「後革命的」（post-revolutionary）條件――跨國公司不斷擴大的權力。因此，大量後殖民的寫作適應後現代對有組織的大眾政治的懷疑，轉向了文化問題。在後殖民世界裡，文化無疑非常重要；但很難說是最終的決定因素。最終並不是語言問題，也

不是膚色或身分問題，而是商品價值、原材料、勞動力市場、軍事聯盟和政治力量等問題，因爲正是這些因素決定著富國和窮國之間的關係。在西方，尤其在美國，少數民族問題既促成了一種狹隘地集中於社會階級的激進政治，同時也因其只是狹隘地注意差別，在一定程度上掩蓋了不同少數民族群體所共有的物質生存條件。但無論如何，後殖民理論是不斷蔓延的「文化主義」的一個方面；由於「文化主義」透過強調人類生活的文化方面最近席捲了西方的文化理論，所以後殖民理論是個不可迴避的思潮。

　　以上是關於後殖民理論的簡要概括。現在讓我們看看它與第三世界作家有什麼聯繫。

二、第三世界與西方的民族觀

　　在冷戰結束後的第三世界，跨國資本要（亦稱西方文明）儼然呈現出一種凱旋者的姿

態。有人稱這個時期是從前的殖民地或附屬國
「再次被殖民化」的時代，或者不發達的「南
方」與工業化的「北方」相對峙的時代。世界
上發生的種種事物，如前蘇聯、中東和波黑等
地的事件，通過信息傳媒技術的運用，不無諷
刺地扭曲了麥克魯漢60年代初期所說的「人類
博愛的具體化」。當時，麥克魯漢讚嘆說，
「隨著電子技術使中樞神經系統的擴展，甚至
武器也使人類家庭統一的事實更加真實。」[1]
他讚頌「地球村」和一個和諧世界的到來，無
疑是對後現代性的一種讚頌。但是後來讓·
德裡拉在〈超前的幻影〉（1984）一文裡卻認
為這種現象只是充滿超現實的「擬象」（sim-
ulacra）。

　　按照戴維·哈威（D. Harvey）《後現代性
的條件》（1989）一書的論述，後現代主義是
對過度積累危機的一種歷史反應。這種危機的
徵象包括：中心主體分裂；參照物消失；道德
判斷和科學判斷之間的聯繫崩潰；形象勝於敘
述，美學勝於倫理；「暫時性和片斷勝過永恆

的真理和統一的政治」。[2]哈威指出，雷根的
巫術似的經濟學和形象製造，可以說是後現代
主義觀點的縮影。按照這種觀點，無家可歸、
先進、日益加劇的貧困，以及能力的喪失，都
透過訴諸於自力更生、創業的個人主義、神聖
的家庭和宗教等傳統價值來進行辯解。大街上
胡塗亂畫的景象、城市的腐敗以及悲慘的事件
等，變成了傳媒鏡頭滾動的背景；貧困、腐
敗、失望和絕望，變成了審美樂趣的源泉，或
者「他性」（otherness）和差異的標誌。

　　讓－弗朗索瓦・李歐塔稱讚後現代的條件
實現了現代主義設想的真正精神。他反對哈伯
瑪斯對後現代主義的指責，不承認後現代主義
背叛了啓蒙運動的理想，如客觀的科學、普遍
的道德和法律、獨立的藝術等等。他否認源於
黑格爾的總體化的世界觀，認爲那種世界觀導
致由國家暴力強加的一種有機整體性的先驗幻
象。在他看來，現代性對個人等於是恐怖主
義。因此李歐塔堅持必須消除自我認同的主體
概念，消除單一的歷史目的，代之以一種尼采

式的虛無主義或觀念主義。更確切地說，他主
張一種關於崇高的新康德主義美學，表現無法
表現的事物，暗喻「無法表現而可以想像的
東西」。李歐塔否認對「整體和一致」的懷舊
感，否認「觀念和感覺的調和」，大聲疾呼
「讓我們對整體性開戰；讓我們目睹不可表現
的事物；讓我們推動差異，拯救名人的榮
譽。」[3]

　　可是，李歐塔的話是對誰說的呢？

　　對第三世界的作家或藝術家來說，文化仍
然是他們自己國家民族同一性的主要部分。他
們一方面要抵制壓迫者/殖民者強加給他們的
表現方式，如愛德華·薩伊德（E. Said）在《東
方主義》裡所說的西方對東方的描寫，同時又
必須深刻地思考表現方式，決定如何根據自己
的特定條件創造或建構表現方式，如何運用並
控制這些表現方式。一個民族的文化是在鬥爭
中產生的。弗朗茲·法農認為，民族文化的形
成有三個階段：第一，盲目地模仿征服者的典
範；第二，疏遠一切外國的東西，出現本土主

義（或排外主義），崇尚本土性，懷念原生的
事物；第三，與革命相聯繫的「戰鬥階段」，
出現一種新的植根於本土傳統而又不同於本土
傳統的自我意識的文化，在這種新的文化裡，
作家或藝術家變成新的不斷變化的現實的「代
言人」。

　　因此，在後現代時期，第三世界的作家以
懷疑的目光看待所謂西方文明帶來的好處。例
如，儘管康拉德的《黑暗之心》對殖民主義進
行了人文主義的批判，但尼日作家阿契貝卻認
爲它是一部種族主義的作品，我國一些評論家
也持同樣的看法。這種第三世界作家與西方看
法的差異，使我想到詹明信與艾加茲・阿赫默
德關於「多國資本主義時代第三世界文學」的
爭論。 1987 年，阿赫默德在評論詹明信的文
章〈跨國資本主義時代的第三世界文學〉時，
拒絕接受詹明信的民族寓言理論，不承認它是
本土敘述的獨特的文學形式，因爲他想保持每
個國家文化結構的獨特性和巨大的差異，並認
爲其中有些並不一定經過「民族的」階段，例

如阿赫默德認為，在烏爾都文學裡，民族獨立
時期就遭到「由印度族、回教徒和錫克族等地
方自治主義分子挑起的大量殺兄弒弟行為」的
破壞。[4]阿赫默德反對詹明信的「第三世界」
和「民族寓言」概念裡的單一決定論。這使人
想到後現代主義對總體化的譴責。但是，他堅
持一切文本都有多種決定因素發生作用的看
法，堅持將這些因素具體化、歷史化來理解文
化產品中的意識形態複雜性的觀點，顯然忘記
了必然按照階級、民族、種族等範疇進行表達
的事實。否則，人們如何閱讀魯迅的《阿Q正
傳》？如何閱讀恩古吉的《十字架上的魔
鬼》？又如何閱讀納丁・戈德默的《朱麗的人
民》？

　　詹明信藉由評論魯迅的《狂人日記》和塞
內加爾作家烏茲曼・桑貝內的小說《扎拉》
（ *Zala* ）指出：「第三世界的文本，甚至那些看
似個人的和完全是本能力量的文本──必然以
民族寓言的形式投射出一種政治的向度：私下
個人命運的故事，總是關於公眾的第三世界文

化和社會鬥爭形勢的寓言。」[5]詹明信這裡的
基本設想是：在西方，公私分裂，傾向於將一
切事物歸納為主觀主義的或心理化的現像，而
第三世界的根本不同在於其不平衡的、不同步
的社會環境，在那種環境裡，主體性的基礎是
社會語境，並由這種語境來塑造，關於個人實
際經驗的轉喻或句法，最終在社會群體的範示
軸心找到明確的表達。因此，在第三世界對日
常生活的敘述中，作家或藝術家必然是政治的
知識分子，因為藝術的表現形式在藝術生產、
流通和接受的各個時刻，都採取了政治的框
架，籠罩著政治的色彩。

　　對於詹明信的設想，葛蘭西關於審美形式
和文化實踐環境性的論述，或許可以從另一方
面提供某種說明。葛蘭西以歷史唯物主義的方
式寫道：

　　　　如果人們不能脫離社會考慮個人，從
　　而如果人們不能考慮任何不受歷史條件限
　　定的個人，顯然每一個個人，包括藝術家

及其一切活動，也不可能脫離社會或一個
特定的社會來考慮。所以，藝術家的寫作
或繪畫——就是說，使他自己的映象外在
化——不會只是為了他自己的回憶，以便
能夠重新經歷創作的時刻。他只有使自己
的映象外在化、客觀化、歷史化，他才是
一位藝術家。雖然每個藝術家／個人或多
或少在廣義上無不如此，但他在更大或
更小的程度上卻是「歷史的」和「社會
的」。[6]

　　個人意識形式的歷史性，精神語言中內在
的社會矛盾，在流動變化的欲望和實際經驗中
記錄下來的社會存在的相互聯繫——所有這些
葛蘭西的著名見解，都可以用來說明藝術表現
背後集體主義的動機和作用。在第三世界國家
裡，這種集體主義的作用尤其明顯。它通過市
場上那種交換價值對等的「現實主義」，避免
了徹底消解。就人們可以這樣拉開距離進行思
考而言，物化的力量還沒有使它的種種因素變

成自由流動的能指符號或擬象。

三、第三世界作家的境遇

在寓言的庇護下，第三世界本身呈現爲一種綜合的敘述，將剝奪權力和獲取權力的活動、分裂的活動和聯合的活動並置起來。根據不斷變化的時間性，「民族」只是一個重新表現力量和結構融合的術語；其它的範疇，包括種族、階級、宗教，以及它們的種種變異，都是對一種創造性的第三世界主體性的戰略肯定。所謂「民族」的階段或進程，很容易納入階級、種族和宗教等範疇。

在後現代時期，儘管跨國資本不斷在第三世界擴展，交通的快捷和通訊的及時不斷引入第一世界的意識形態，但第三世界國家的歷史和文化傳統以及具體的社會條件，都決定了藝術家及其作品不可能與西方發達國家的相同，即使有意識地模仿西方風格的作品，也必然帶

有第三世界集體潛意識的烙印。

　　因此，在談論後殖民理論時，必然會考慮第三世界的文化。西方學者認為，第三世界的後殖民文化是一種「雜交」的現象，包含著移植的西方（歐洲）文化體系和本土的本體論之間的一種辯證關係，具有創造或再創造一種獨立的地區同一性的動力。他們認為，人們不可能返回或重新發現一種絕對的、純粹的前殖民文化，也不可能創造一種民族的或地域的文化結構，使它們完全脫離自己在歷史上與歐洲殖民統治的聯繫。因此重讀和重寫歐洲歷史和小說的記載，是後殖民文化至關重要而且不可避免的首要任務。進行破壞性的調整，而不是從實質上進行民族或地域的替代性建構，是後殖民文化文本的典型特徵。後殖民文學/文化的形成在於反話語的實踐，而不是同系話語的實踐；在於解構殖民主義的話語，而不是建立一種與殖民主義歷史無關的絕對獨立的話語。

　　顯然，這在西方世界是進步的看法。按照這種看法，第三世界的創作似乎可以融合第一

世界和第三世界的文化，產生出一種新的文化，構成擺脫西方影響的本土文化。

　　但是，這種看法存在著明顯的片面性，或者說它是一種學院式的看法，一種理性分析的看法，一種缺乏第三世界實際經驗感受的看法，甚至可以說是一種爲殖民文化辯護的看法。例如，它排斥了沃爾・索因卡所說的「種族的恢復」：

　　　　非常明顯，它包含有意識的活動，即有意識地恢復隱蔽的、失去的、被壓制的、被貶抑的、或實際上被我們自己簡單地否認的事物——是的，這也是我們自己造成的——但確切地説，是我們民族的征服者造成的，是他們歐洲中心的思想偏見和種種關係造成的。……一個民族若要發展，他們就必須不斷地求助於自己的歷史。不是對歷史不加批判，但肯定離不開歷史。因此否認他們這種情況的存在帶有某種目的，因為那會使他們變成中立的客

體，從而可以在他們空白的心靈上，在那
塊擦乾淨的精神石板上，寫上主人種族的
文本──文化的、經濟的、宗教的等等。
於是出現了一種合乎邏輯的、抵抗性的反
對戰略；真正的民族主義者，在這個或那
個階段，在不斷變化的層面上，發現自己
面臨著一種必然的任務，他們必須恢復自
己的歷史和文化，恢復他們種族的始源和
分支──繪出彎曲的河流，乾旱的土地，
肥沃的流域；令人困惑的詭計消失到泥土
之中，在一個遙遠而不同的時代出現了近
似魔幻的復甦，擁有灌漑的能量，產生出
一種新的有意識的人性，具有滿載著從開
始到現在整個旅程經驗的戰略。[7]

不難看出，索因卡主張恢復一種反殖民壓
迫鬥爭的真實的歷史（例如肯亞毛毛族反對英
國殖民統治的起義），一種無法與國家地理和
集體勞動分割的歷史。這種主張顯然與西方學
者所說的「非洲語法的雙重性」不同，不能

只憑解構殖民主義的話語來實現，也不能只靠
引證自我參照的人種史來說明。索因卡的主張
實際上符合了法農所說的文化解放過程的第二
和第三階段。

　　在西方後現代時期，「民族」和「民族主
義」常常被賦予一種貶抑的含義；因爲按照後
結構主義理論，「民族」和「民族主義」都是
虛構的概念，其內涵因時間和條件會不斷發生
變化，甚至被認爲是話語權力的產物。然而在
第三世界，民族主義與跨國資本的後現代性相
對，人們不可能脫離自己的實際經驗，作出後
解構主義的理解。因爲正是民族主義以集體的
活動彌合了殖民化生活的碎片，並由此創造出
改革的歷史力量。沒有民族主義，只能出現某
些個人的轉變，而不可能實現集體的變革。第
三世界的作家，一般都主張民族主義，要求首
先實現真正的民族解放。例如索因卡這類非洲
作家，一般都懷有泛非主義的理想。他在讚揚
艾美・西塞爾致盧蒙巴的頌歌時寫道，這首歌
抓住了「民族大廈動搖時執著的創造精神」，

「通過嘴唇、手臂、舞蹈動作、我們織物的結
構和圖案、書上的繪畫」進行傳送；「它是手
腳有機地並用建造房舍、耕種和收獲土地的集
體之歌。它是在無止境的發展過程中，我們的
歷史和文化生產者們的英雄的讚歌。」[8]也就
是說，它是非洲人民的民族的寓言。

　　第三世界與西方的差異及其踫撞，在某種
程度上恢復了社會實踐中的對話原則。在後現
代時期，「自我」和「他者」的問題代替了東
西方對抗的問題。薩伊德在《東方主義》裡曾
有力地表明，西方在各個學科裡從認識論上對
「他者」的構成，無一不是爲了肯定西方文化
的優越；西方表現其他民族的種種方式，並不
會提供客觀的知識，相反，它們旨在確認英國
人、法國人和整個歐洲人的高貴身分，貶抑非
西方的民族。1989年，薩伊德透過對《東方主
義》的反思，提出了一種後現代的說明。他指
責李歐塔將後現代主義與歐洲現代主義在殖民
地世界的破壞性後果分離開來，強調「自我」
和「他者」的關係問題：「法農整個著作的要

點就是要迫使歐洲宗主國把它的歷史與有色種
族的歷史放在一起考慮……法農對後帝國主義
世界的模式依賴於一種集體觀念，也依賴於一
種人類有多種命運的觀念，西方人和非西方人
無不如此。……文化可以表現爲一些區域，其
中有控制也有放縱，有記憶也有忘卻，有強迫
也有依賴，有排斥也有合作，世界歷史上發生
的一切都是我們的組成部分。」[9]這就是說，
在後現代時期，第三世界的文化不能不考慮西
方的文化；而西方的文化也不能不考慮第三世
界的文化。雖然兩者之間現在仍然存在著不平
等的關係，但只有從壓制和被壓制兩方面考
慮，才能弄清東西方文化的關係，也才能進行
平等的對話，建設富於民族特色的文化。民族
雖然是一種從歷史上決定的存在方式，但今天
民族仍然是首要的決定因素，不論後解構主義
如何解構民族主義的進程，世界各國的現實都
表明了民族的重要意義。

　　然而，在跨國資本不斷發展的今天，重要
的是對全球社會進程堅持一種辯證的理解。這

個進程既包括西方也包括第三世界。它是一個
世界性的文本，其中縱橫交織著多種分裂、矛
盾、悖論和二律背反等現象。文化總是因種
族、階級、民族、國家的不同而有不同的建構
和分析，涉及到各種各樣的鬥爭，而且會對傳
統學科的準則和設想形成挑戰。因此，現在必
須揭示我們已身居其中的整個商品體制所隱含
的破壞作用。這裡所說的商品體制，在後現代
時期也包括整個大眾傳媒的生產和消費網絡，
包括旅遊和娛樂的交流方式，以及為大眾消費
而構成的象徵和形象（在廣告方面尤其明
顯）。第三世界的知識分子面臨著區分本土因
素、本民族因素、本民族文化建構和真正的歷
史對抗實踐的困境。他們必須尋求代表集體聲
音的主體，即代表一個群體、一個有其特定系
譜的具體社會群體的主體。這種主體形成巨大
的歷史力量，但他們並不是完全同一的主體，
不是黑格爾思想中那種形而上學的民族主義的
主體，也不是自我實現的主體。他們是在矛盾
對立統一中實現的主體，是在矛盾中不斷運動

的主體，是處於第三世界國家的主體。在第三
世界國家裡，真正行之有效的是唯物辯證法，
它可以破壞唯心主義的形而上學策略，使人們
了解本民族在不平等條件下的反應，聽到多種
不同的聲音。在後殖民文化研究裡，辯證法是
以寓言象徵進行反抗的「民族寓言」的有效方
法。

　　第三世界的人民希望變革，但不是烏托邦
的幻想，而是希望改變現時的生活狀況，創造
自己的新思想、新理論和新文化。在今天全球
化的形勢下，必須排除狹隘的民族主義思想。
應該承認，真正使民族達致統一的是文化。在
全球化的時代，地域不再是決定因素，你可以
是個住在美國的中國人，也可以是個住在法國
的中國人，一個美國人可以長期住在香港，一
個英國人也可以長期住在非洲。單一政權也
不是決定因素，因爲政權的統一需要在共同生
活方式的實際經驗中不斷充實和鞏固。實際
上，在全球化的今天，傳統的民族同一性或民
族身份正遇到這樣那樣的問題：多國資本主義

的發展跨越了民族—國家的邊界，仿佛地球是一個大荒原，資本可以暢通無阻；地理政治的變革形成了新的世界格局，如「環太平洋國家」、澳大利亞欲脫離英聯邦、北美自由貿易區等等；以後現代主義形式出現的「世界文化」，如好萊塢電影、CNN有線電視；以及在一個社會裡多個少數民族及其文化共同存在的情形，如加拿大和美國等。所有這一切都會影響到原有的民族同一性或民族身分，交叉著類似殖民/被殖民的支配/服從關係，對後殖民文化和第三世界文化來說，這些都是需要認真對待而不可迴避的問題。

四、民族主義的理論化

今天，在世界各個國家，人們幾乎天天可以聽到有關民族主義的新聞，至少會聽到「民族」這個術語。但是，這些新聞一般都透過全球網絡的媒體傳播，因此帶有明顯的悖論

性質：既然是某個特定民族的，何必向外傳
播？既然強調自己的民族特性，何必收聽其他
民族的聲音？有人會說，向外傳播是爲了讓其
他民族了解自己民族，收聽其他民族的聲音是
爲了了解其他民族，這樣可以更好地促進經濟
文化交流。然而，什麼是交流呢？既是交流就
必然有來有往，就會影響到自己民族或影響到
其他民族，原來的民族性或民族主義就會或多
或少地發生變化。於是，要麼不透過全球網絡
傳播和收聽，以保持獨特的民族性；要麼參與
全球網絡的傳播，使自己民族的原有特性發生
改變。

　　對待民族主義，不同人必然有不同反應。
今天我們面臨著西方經濟和文化的滲透，自然
會強調民族主義和文化同一性。而在多國資本
主義或跨國公司日益發展的西方，跨國資本家
階級則認爲民族主義是他們的政治—經濟敵
人，因此毫不奇怪，各種性質不同的民族主義
運動，如泛非主義、泛阿拉伯主義，常常會遭
到他們的強烈敵視。在西方國家，雖然一般媒

體不直接點明民族主義共有的關係，但專門化的商業報刊卻不斷警告民族主義對共同資本的威脅。例如《經濟學人》警告說：民族主義會妨礙在亞洲的自由貿易，而且民族主義對「全球公司」擴展的威脅比暫時的資本短缺更甚。[10]《經營評論》報導說：可怕的是一種「冷和平」（cold peace），在冷和平當中，民族主義和世界經濟一體化在全球空間裡的踫撞會帶來嚴重後果，雖然也有人認為最終獲勝的是商業價值觀而不是民族主義價值觀。[11]還有一些人考慮民族主義對多國資本的影響，包括對跨國公司在第三世界國家擴展的影響。

　　自 90 年代以來，多國資本像電子媒體那樣不斷在全球擴展，而民族主義則是反抗這種多國資本擴展的所在。從反對世界資本主義制度的觀點出發，民族主義被一些西方學者稱之為「反制度的運動」（antisystematic move-ment），雖然它已經走過了反資本的關鍵階段，但仍然在國際舞臺上存在。[12]正如「反制度的運動」這一提法本身所表明的，民族主

義不僅在政治實踐中仍然存在，而且在理論中也存在。在當前西方的文化研究中，人們並不大考慮民族主義的實證主義特徵，如在一個劃定的地區和經濟裡的共同語言、文化和心理。他們更多地關注在這些特徵之間、國民和非國民之間不斷變動的關係，而不是特定的、具體化的民族同一性創造的主觀過程，也不是其實證過程。當前文化研究中非常有趣的一個現象是，它一方面為民族主義辯護，同時又對新形式的多國地緣政治組織提供一種批評的理解；一方面認為民族主義是妨礙全球化社會經濟形成的意識形態，同時又承認民族主義在反對西方文化、政治和經濟的殖民化鬥爭中具有戰略意義。

　　因此，對於全球化時期的民族主義，應該進行詹明信所說的「認知的測繪」（cognitive mapping），著重考察政治、經濟和文化的構成，提出以新的全球結構為基礎的分析形式。西方從事文化研究的大多數學者都認為，後期資本主義（與文化邏輯相聯繫）已經產生出新

的文化形式，使舊的批判方法失去了原有的功
效。正如伊曼紐爾‧沃勒斯坦（I. Wallers-
tein）、喬萬尼‧阿里海（G. Arrighi）和T. K.
霍普金斯（Terence K. Hopkins）所說，「作為
世界－歷史的進程，電子化一方面透過使技術
勞動分工一體化對主要的階級形成過程產生整
體影響，……另一方面……對生存條件的大眾
意識產生整體影響」；但是「迄今為止我們都
還沒有衡量該趨勢影響的理論觀念，而電子化
的不斷發展卻會把那種趨勢影響帶給大眾的鬥
爭。」[13]因此，作為當前聯繫民族主義和多
國民族主義的條件和影響，媒體或整個電子文
化象徵著一個獨特的場所，透過這個場所可以
看到一系列更基本的悖論，包括中心與邊緣的
關係、中心化與非中心化的關係，以及一般與
具體的關係等等。

　　這些對立的關係既存在於民族主義的經驗
領域，也存在於民族主義的主觀領域；因此既
應該考慮其物質的一面，也應該考慮其理念的
一面。於是，對於如何理解這種關係，或如何

理解當代的民族主義，阿圖舍（L. Althusser）
的泛層決定（或多因素決定）論（over-deter-
mination）便顯得非常重要。阿圖舍最初的論述
是：勞動和資本之間泛層決定的矛盾「透過
『上層建築』的形式……『透過內部和外部的
歷史境況』來具體說明，歷史境況一方面決定
它作為民族之過去的一種功能，……另一方
面決定它作為現存之 『世界語境』 的功
能……」 [14] 泛層決定論不只是一種共時的、
多種因果關係的結構理論，而且它還能夠說明
當代民族主義的時間性矛盾，因為民族主義在
全球化經濟中無論如何都顯得「不合時宜」。
阿圖舍在把民族主義納入他的意識形態「殘
餘」時也注意到了這種不合時宜的情況，認為
這些殘餘可以藉由泛層決定來進行解釋：

　　　　什麼是「殘餘」？它的理論地位如
　　何？它基本上是社會的還是「心理的」？
　　它是否可以歸納為殘存的某些經濟「結
　　構」……？或者它也同樣指其它的「結

構」，政治的、意識形態的結構等等：風
俗、習慣、甚至「傳統」，如「民族傳統」
及其具體的特徵？……那麼，我們該如何
考慮這些殘餘呢？……無疑應該根據任何
矛盾都由泛層決定、任何社會的構成成分
也都由泛層決定來考慮……[15]

因此，泛層決定是一種策略，不僅用於說
明在主觀想像的社會特徵和物質的社會特徵之
間存在著某種時間差，或布洛赫所說的「非
共時性」，而且還用於理解社會因果關係中明
顯的不確定性。透過注意時間差，人們會明白
民族主義何以使前面那些刊物發出驚訝的議
論；因為民族主義肯定一種身分感和同一性，
堅持一種民族的貿易和工業政策，顯然更適合
現代主義的經濟而不是西方現在的後現代經
濟。在這種意義上，當代民族主義在居統治地
位的後現代生產方式內部，很可能會發展一種
殘存的現代主體性。因此，阿圖舍的泛層決定
論和布洛赫的「非共時性矛盾」，對理解多國

資本時代「不合時宜」的民族主義仍然是非常
重要的方法，因爲它們透過物質結構解讀主觀
結構，並注意時間差的變動。

　　實際上，民族主義並不只是一個需要發現
和研究的「客體」，在某些方面它還是理論上
構成的一個概念，既以否定（或批判）的方式
構成，也以肯定（或讚揚）的方式構成。最近
的文化研究表明，民族主義必須被理論化而不
只是紀錄現象。

　　過去500年來，資本主義作爲一種世界體
制一直在發展，它像積累資本的民族—國家那
樣，從世界其它地方吸收資本。作爲全球制度
的一種特徵，民族主義內部帶有制度和反制度的
辯證關係：它是制度的，因爲它爲不發達地區
提供意識形態的支持；它是反制度的，因爲它
是反抗殖民化的手段。在早期資本主義階段，
進行殖民化的西方國家，到了後期資本主義階
段，殖民化主要透過市場的全球化來實現。因
此，階級和民族性相互聯繫是反制度的基礎，
也是抵制資本入侵的方式，它們受階級和民族

等多種因素決定。不論以階級為基礎的社會運動還是民族運動，其目的都是爭奪國家機器。同樣，社會主義雖然在理論上是一次國際運動，但實際上仍是地區性的和民族性的，因為在奪取和保持國家政權時，其戰略仍然是以民族為基礎的社會。但是，當前的世界形勢基本上由後期資本主義的發展決定，單靠階級分析已經無法展現社會的動力，也無法預測未來反對世界資本主義制度的進程。事實上，當前在許多地方，社會運動和民族運動變得越來越難以分開，例如婦女運動、環境保護運動等等。

　　然而，根據詹明信的《地緣政治美學》可以看出，民族—國家仍然以「非共時的」方式存在。但因後現代文化明顯取消了階級差別，所以詹明信認為地理差別更適於說明問題：在經過多國資本的折磨之後，重又出現了民族的活力。他藉由對世界電影的考察，提出了它們對文化和經濟結構的非共時性表達，或者說「非共時性」嵌進了他對後現代主義的界定。在詹明信看來，後現代主義並非是一個全新的

階段，而是以現代階段接近在全球完成爲標誌
的一個階段。因此，現代主義似乎是那種在全
球尚未完成的現代化的文化邏輯。[16] 從經濟
上說，這種非共時性的出現在於發展的不平
衡，而透過民族勞動力的充分無產階級化，不
平衡也在達致平衡。隨著工資勞動在全球的擴
展，現代化也在擴展，儘管在各個地方的速度
不同。

　　文化的發展也不平衡，但詹明信並不認爲
第一世界（或西方發達國家）有任何特權或美
學的優勢。他藉由對電影的分析，找出了世界
形勢的「認知地圖」：世界各地的電影以不同
的徵象具有各自的立場觀點。透過將世界不同
文化的觀點結合起來，詹明信獲得了一種更大
意義上的世界制度的整體性。在〈多國資本主
義時期的第三世界文學〉一文裡，他曾這樣寫
道：「就我們自己是構成的力量（也許並不完
全知道）、在我們整個資本主義制度內正在有
力地發生作用而言，對第三世界文化的研究
必然導致一種新的從外部對我們自己的看

法。」[17]這一斷言背後隱含著世界制度與第一世界知識分子的關係：由於這些知識分子在全球體制內所處的位置，他們原本看不到第三世界所揭示的思想道路；只有研究第三世界文化，才能反觀自己的問題。因此詹明信認爲，如果承認不平衡或非共時發展的事實，第三世界的作品不僅可以用於測繪當前的形勢，而且還可能指出未來的出路。

　　詹明信強調，後期資本主義使一般和特殊間的矛盾發生了變化：「在後現代，一般和特殊間的關係……必須以一種新的方式表達，完全不同於從先前社會構成中所獲得的那些方式。」[18]因此，在某種意義上，一般和特殊的對立不是透過一種分析的方法進行解構，而是透過資本主義發展成一種世界制度，在這種新的制度下，「特殊」或「局部」從空間方面看不再是「傳統意義上」的局部，而是已經被世界制度從多方面決定，其中「甚至中心也邊緣化了」。[19]詹明信認爲，由於第一世界的知識分子尚未意識到他們自己在全球意義上的邊緣

性，所以第三世界的藝術家和批評家可以從另一方面表明一般和特殊間矛盾關係的轉換。第一世界電影的認知地圖使西方知識分子認識到他們曾處的地位，而在第三世界的電影裡，他們可以找到應該走向何處的教訓。

　　不過，詹明信在世界文本中發現的地圖從任何視角都無法直接看到。「世界制度是一個非常龐大的綜合存在，因此對它只能間接地測繪制圖，以更簡單的物體作為其寓言的解釋物。」[20]詹明信認為，非共時性的時間差距導致一種形式的差距：寓言及其意義之間的差距。透過「往返穿越文本的掃瞄，在不斷修改中重新調整它的條件」，寓言的方法又使人們回到了民族和世界、民族主義和多民族主義的關係問題。[21]

　　在《地緣政治美學》裡，詹明信透過解讀美國電影集中敘述了一些寓言，包括偵探文類、戰爭電影和陰謀片。在他這些論述裡，技術明顯占有特殊的地位：「訊息技術將真正成為對這個世界制度進行認知測繪的表徵解決和

表徵問題。」[22]在他看來，如果「印刷」是18世紀民族對自己進行「想像」的媒體，那麼電腦、錄影和衛星就是多國民族主義的技術媒體。顯然，他試圖把他對當前世界制度的理論認識納入一種審美實踐活動。例如在討論艾倫・帕庫拉的《白宮夜未眠》時，詹明信認為對打字機和電話的反覆運用改變了新聞生產，展示了從現代主義到後現代主義的轉變，也標誌著伴隨後期資本主義出現的地緣政治的轉換。

　　詹明信的「民族寓言」理論曾遭到不少人的指責，但他對這一概念的延伸和擴展無疑有重要的啟示意義。因為，儘管批評他的那些人認為他為了建構單一的解釋框架而取消了各種文化的差異，但他對電影的分析確實展現了對民族主義及其多因素（泛層）決定的一系列的審美反應，展現了民族文化的特殊性如何確立對世界制度的感知、思考和再現的參數。他探討第一世界和第三世界繪製「認知地圖」的不同方式，指出它們之間在時間、文化和民族方面的差異及如何聯繫，進而找出這些差異中的

形式取向。詹明信認爲，黑白影片藉由彩色濾
鏡的傳送，表明了技術和經濟的非共時性以及
「對後現代主義形象文化的意味深長的形式反
應，在這種情境中，回到黑白攝影技術是對欲
望失去的客體不可能實現的烏托邦幻想」，在
某種程度上這也就是高度的現代主義。[23]如此
運用色彩的形式的解決辦法，其目的是力圖解
決後現代主義的不平衡發展所產生的矛盾和衝
突，例如美國和第三世界國家之間或南北不平
衡所引起的衝突。

　　這裡，詹明信的論述使人回到一種「文化
─民族主義」，這種民族主義不是採取排斥和
否定的邏輯，而是戰略性地吸收當前西方的科
技和文化使之成爲本土的東西。詹明信把這種
「文化─民族主義」說成是「一種政治，它憑
藉本土的文化傳統，喚起力量和意志去驅逐入
侵者……這裡刻寫的是一種衝動而不是計畫，
一種反抗的美學而不是它的具體的政治……一
種由形象的性質傳遞的訊息而不是它的結構的
含義。」[24]顯然，詹明信的論述召喚一種對後

現代實踐的看法，一種以媒體－政治爲基礎的
理論和實踐的結合，它們以一種反制度的民族
主義的幻象發生作用，其中訊息就是媒體，而
不是民族主義排外的實踐。換句話說，詹明信
所指的實踐不同於一般意義上的民族主義實
踐，其目標不是人類的他者，不是遭受譴責的
文化全球化的替罪羔羊，而是後期資本主義本
身及其全球化的傾向或使世界資本主義化的衝
動。因此，詹明信強調「文化政治……現在必
須至少在第一世界 —— 成爲主要的鬥爭空
間」，[25]或者「認知的測繪仍然是最高的實踐
形式」。[26]用德希達(J. Derrida)的話說，「理
論話語更直接地與具體決策相聯繫。」[27]

　　總之，在當前西方的文化研究裡，由於全
球化的趨勢不斷發展，民族主義不再像以前那
樣以實證爲基礎，而是強調觀念戰略和文化政
治，模糊或融合美學和政治的界線，透過電子
文化和形象文化展現的空間，分析全球化和跨
國資本的運作過程，探討今天的民族主義如何
解決新形勢下的社會形態問題。

五、「越是民族的越是世界的」？

　　然而，我們常常聽到一種「越是民族的越是世界的」說法。此說聽起來不無道理。但果真如此麼？持此論者，常常以文學史上的一些大作家作爲例證。例如說李白和杜甫是典型的中國詩人，所以才具有世界影響力；莎士比亞是典型的英國戲劇家，所以才在世界各國久傳不衰；巴爾札克是典型的法國小說家，所以才受到世界人民的尊重。這個名單還可以包括托爾斯泰、歌德、馬克・吐溫、海明威、福克納、馬奎斯等等。他們認爲，只要立足於本國的／民族的社會現實，表現本國的／民族的獨特文化，堅持本國的／民族的傳統方法，文學作品就不僅具有民族性，而且更有世界性，就會產生世界範圍的影響。確實，這種看法透過具體作家作品的例證顯得頗有說服力，但這只是透過表面現象的機械推論而達成的一種看

法，缺乏深層的探索和理論的闡釋。

既然「越是民族的越是世界的」，我們必須首先弄清什麼是「民族的」或什麼是民族性。如前所說，民族是個歷史的、動態的概念。在人類的最初階段，世界上並不存在民族。在原始公社階段，雖然有種族和部族之分，但仍未形成民族。民族是伴隨國家政體的出現而出現的。而由於國家版圖在歷史上不斷變化，民族的範圍也不斷變化。今天世界上所謂的民族/國家，實際上在18世紀才形成，而且此後也經歷了不少變化。如果我們仔細讀一讀歐洲歷史，我們就不難看出這種民族/國家的變遷。因此，民族是人們認識事物的一種觀念，是人定的一種概念。

就我們中國而言，情況同樣如此。西方最初用"China"一詞指中國時，指的是由秦王朝形成的一個文明統一體；而當時中國人用「中國」一詞時，則有許多不同的聯想，其中有些具有獨特的歷史性和地域性。按照中國人自己的說法，「中國」原指「中原之國」，等

於英文裡的"the middle kingdom"。這個「中
國」自古以來一直存在。今天我們說「中國
人」時，實際上指的是說中國話的人和生活在
中國現在國土上的人，包括所有的少數民族在
內。而當我們說中華民族文化時，實際上常常
潛意識地指漢族文化，即源於中原地區或黃河
流域和漢水流域的文化，或者在漢朝時期統一
起來的文化。漢朝統一時的民族構成並不是單
一的漢族，所謂的漢文化也並不是純粹的漢族
文化。同樣，「華夏」之說顯然指早於歷代王
朝的夏朝，但從這一文明中心產生的向心統一
性，卻是在諸王朝之前將不同社會形態統一起
來的某種東西；這些不同的社會形態由不同的
民族或群體構成，他們有傳統性的不同語言、
不同信仰和不同的風俗習慣，也就是說，他們
有不同的文化，因此所謂華夏文化實際上一開
始就是一種合成的東西而不是單一性的東西。
漢朝以後，經魏晉到唐代形成的「大唐文
化」，更是中原文化或漢文化引進、借鑑、融
合西域諸民族文化的結果。

　　如果把中國作爲一個明確的政治實體，把中華民族作爲一種具有不同民族特徵和傳統的所有中國人共有的民族性，那無疑是受了同族文化概念的影響，而這種文化概念從本質上講始於現代時期。十九世紀以前，漢語中對於社會或國家並沒有什麼同一民族的概念，中國人總是把其他民族團體稱作「野蠻人」，否則就顯得不正常。只有到了民國初期，知識分子才開始把「中華民族」與「中國人」聯繫起來。[28]這種聯繫旨在把居住在中國國土上各個不同的民族合成一個單一的民族/國家，因此才出現了民族主義的說法，強調聯合起來的民族/國家的新情況便是民族/國家的特徵。孫中山先生批評舊的、傳統的中國政體是「一盤散沙」，從另一個方面也說明了這個問題。

　　顯然，民族身分或民族同一性（認同）本身是個新的觀念，由此引發的任何「文化」概念，不論有多麼深刻的歷史淵源，本質上都是解釋和建構的。它們必須符合新的聯合政體，在國家同族性社會空間裡建構各民族的新的平

等的統一和團結。

　　既然文化是解釋和建構的,文化就不僅是想像的,而且還有其創作和制度化的過程。透過寫作行為的話語,無疑是傳遞文化建構之想像性質的主要途徑之一。文化的話語不僅包括民族身分的象徵和愛國熱情的偶像,而且還包括對語言和習慣中的共同價值進行表述的權威性,包括歷史、意識形態和信仰。因此,一種民族文化,透過文化而建構的民族性和民族主義,涉及人類社會文化和政治的許多方面,絕不是一個簡單的定義問題。

　　在文化建構中,當我們強調民族性時,實際上我們指的是國家/民族,它必然涉及到其他國家/民族,涉及到與其他國家/民族的關係問題。因為根據辯證的原理,己和他互相依存,沒有他便沒有己,沒有己也沒有他。詹明信認為,任何一個群體(民族)都不能單獨擁有一種文化——文化是一個群體(民族)接觸並觀察另一個群體(民族)時所發現的氛圍。「它是那個群體陌生奇異之處的外化。……一

種文化是某一群體在另一群體看來所背負的全部『恥辱』，反之亦然。它是一種『他體』思想，即信仰或宗教之類的東西被投射到『陌生的頭腦』裡去。信仰並非我們自身擁有的東西，因爲我們的所做所爲在我們自己看來總是自然的東西，不需要激發這種陌生的內化實體並使之獲得合理性。事實上……大多數『文化』都不會等同於我們的概念、僞概念和信仰。」[29]在詹明信看來，一個群體必須依靠他體才能想像「擁有」一種文化，它取決於他體的力量，要求他體作出反應。換言之，文化必須被視爲是群體（民族）之間的關係賴以實現的工具或媒體。

　　既然文化是群體（民族）之間的關係，建構民族文化也必然要考慮其他民族的文化。在這種關係中，常規和成見有著重要的作用，實際上非依賴它們不可。因爲，群體（民族）必然是個想像的實體，沒有任何人能對他獲得正確的直觀。群體（民族）必須被抽象，或成爲想像的對象，因爲它的基礎是大量個人的接觸

和經驗，而這些接觸和經驗一經概括便遭到歪曲。無論多麼公正寬容，群體（民族）關係總是對其他群體/民族所作的集體抽象。因此，唯一可行的是讓其他群體/民族製造它們喜歡的形象，然後遵循那個公式化的形象行事；也就是說，讓他們製造他們喜歡的新的常規和成見。

然而，在民族關係中建構所謂的本民族文化，建構者主體必然要選擇自己的立場，確定自己的態度。「越是民族的越是世界的」就是這樣一種選擇。根據上面的論述，「民族的」含義會不斷發展變化，顯然「越是民族的越是世界的」很難令人信服。姑且不考慮這點，單是「越是民族的越是世界的」本身也不無矛盾。所謂「越是民族的」，其本質是強調一種不受外來干擾和影響的「獨特性」；而所謂「越是世界的」，其本質是強調一種讓全世界都接受的「普遍性」。若要不受外來干擾和影響，最好的辦法是割斷與外界的來往，以便使獨特性保持不變。但是，從歷史上看，民族/

國家尙且變化，這種獨特性豈能不變？再說，
如果強調獨特性，在潛意識的深處會因擔心外
來威脅而拒斥外來因素，拒絕使自己的民族性
進入國際空間，因而也不可能「越是世界
的」。反過來說，若要達到「越是世界的」這
種普遍性，就必須使民族性進入國際空間，但
民族性一旦進入國際空間，它就不可能再是原
來的民族性，而是根據國際語境（context）來
進行解釋的一種民族性，其中融進了許多不是
原來民族性的東西。例如我們今天讀莎士比
亞，並不是因爲他是英國人或他的作品具有獨
特的英國性，而是因爲我們認爲他的作品對我
們有這種或那種價值，這中間融入了我們自己
的看法，而我們的看法又受到多種因素的制約
和影響，與英國的民族性並不相干。莎士比亞
的作品之所以久傳不衰，是因爲作品的反封建
性可以提供認識價值，作品的藝術技巧可以提
供審美價值，而這些並不是英國的民族獨特
性。同樣，外國人讀孔子、莊子，讀李白、杜
甫，讀《紅樓夢》和《聊齋》，也不是因爲這

些作品的民族性，而是因爲這些作品本身的內在價值對人類具有普遍的意義。否則，即使一部作品寫中國現實，運用中國的傳統方法，若其缺乏對人類有意義的內在價值也不會成爲世界性的。

實際上，「越是民族的越是世界的」口號很容易導致狹隘的民族主義，導致一種保守主義的立場，甚至可能導致一種妄自尊大的態度。毫無疑問，我們今天仍然需要提倡民族主義，但我們提倡的是建立在各民族/國家關係上的民族主義。隨著經濟一體化、區域化、全球化的發展，文化也應該採取「協力關係網」的形式，也就是說，作家和作家之間、作家和出版商之間、國內作家和國外作家之間、國內出版商和國外出版商之間應該形成一種協力關係。換句話說，在今天的世界上，如果沒有力圖結合、引導、協調各種身分、各種責任和立場的促動性張力，就不可能出現真正有世界意義的、富有成果的作品和思想。正如沙特所說：「一個作家若想更成功，就必須同時對

至少兩種截然不同的、互不相干的聽眾說話。」[30]所謂張力，也指文本與社會、上層建築與基礎間的張力，或者說是文化由社會現實向想像世界的必要的轉位。人們應該把多種意識形態的影響和承諾所導致的張力，看成是各種截然不同的引力；構成某一流派豐富內涵的是對這些張力作出反應的舉動，而不是作出結論的分析，也不是排除矛盾把多種意識形態的運作消解爲一個統一的整體。各種民族「身分」之間的張力可以提供一種強大的角逐場，同時也形成一種強大的協力關係。

總之，「越是民族的越是世界的」是一個悖論：「越是民族的」限制它成爲「越是世界的」，而「越是世界的」也就取消了「越是民族的」可能。因此，應該以辯證統一的方式將民族性和世界性結合起來，將民族性置於整個世界關係中來考慮。

註 釋

[1]Marshall McLuhan, UNDERSTANDING MEDIA (New York: McGraw-Hill, 1964), p.300.

[2]See David Harvey, THE CONDITION OF POSTM-ODERNITY (Cambridge, Mass. Blackwell, 1989), p.328.

[3]Jean-Francois Lyotard, THE POSTMODERN CONDI-TION (Minnesota University Press, 1984), p.82.

[4]See Aijaz Ahmad, Jameson's Rhetoric of Otherness and the National Allegory (SOCIAL TEXT, No.17, 1987), pp. 3-27, cited from pp.21-22.

[5]Fredric Jameson, Third-world Literature in the Era of Multinational Capitalism (SICIAL TEXT, No. 15, 1986), pp.65-88, cited from p.69.

[6]Antonio Gramsci, COLLECTIONS FROM CULTURAL WRITINGS (Cambridge, Mass.: Harvard University Press, 1985), p.112.

[7]Wole Soyinka, Twice Bitten: the Fate of Africa's Culture Producers (PMLA 105, No.1, 1990), pp.110-120, cited from p.114.

[8]Ibid., p.120.

[9]Edward W. Said, Representing the Colonized: Anthropology's Interlocutors (CULTURAL INQUIRY

15, 1989), pp.205-225., particularly pp.223-225.

[10]ECCONOMIST 325 (October 24, 1992), pp.35-36.

[11]MANAGEMENT REVIEW 82 (March 1993), pp.30-32.

[12]Immanuel Wallerstein, Givanni Arrighi, and Terence K. Hopkins, ANTISYSTEMATIC MOVEMENT (London: Verso, 1989), pp.75-76.

[13]*Ibid.*

[14]Louis Althusser, Contradiction and Overdetermination, in FOR MARX, trans. Ben Brewster (London: Verso, 1990), p.106.

[15]*Ibid*, pp.114-115.

[16]See Fredric Jameson, POSTMODERNISM, OR THE CULTURAL LOGIC OF LATE CAPITALISM (Durham: Duke University Press, 1991), pp.307-310

[17]Fredric Jameson, THIRD-WORLD LITERATURE IN THE ERA OF MULTINATIONAL CAPITALISM, p.68.

[18]Fredric Jameson, THE GEOPOLITICAL AESTHETIC (Bloomington: Indiana University Press, 1992), p.115.

[19]*Ibid.*, p.115.

[20]*Ibid.*, p.169.

[21]See Fredric jameson, POSTMODERNISM, OR THE CULTURAL LOGIC OF LATE CAPITALISM, pp.167-168.

[22]Fredric jameson, THE GEOPOLITICAL AESTHETIC, p.10.

[23]*Ibid*., p.97.

[24]*Ibid*., p.208.

[25]*Ibid*., p.212.

[26]*Ibid*., p.58.

[27]Cited from Henry Schwarz and Richard Dienst, ed. READING THE SHAPE OF THE WORLD (Westview Press, 1996), p.44.

[28] 參見《民族研究》，北京：民族出版社，1985 年第 2 期。

[29]SOCIAL TEXT No. 34 (1993), p.33.

[30]*Ibid*., p.27.

第六章
後現代主義
和形象的轉變

一、後現代主義

在今天的文化理論中，後現代主義無疑是最常見的一個術語。由於它包括了從瑪丹娜到後設敘述、從後福特主義(Post-Fordism)到色情小說的幾乎一切事物，所以也可能被某些人認爲毫無意義。但無論如何，後現代主義是今天無法迴避的一個術語。

因此，這裡我想應該首先說明一下後現代主義與後現代和後現代性的區別。在國內關於

後現代主義的討論中，有些人將這三個術語混
為一談，而實際上它們表示三個不同的概念，
雖然這三個概念有著不可分割的聯繫。簡單
說，後現代是個時間概念，指後期資本主義，
又稱後工業社會、訊息社會、跨國資本時期，
亦即工業化之後的時代；後現代性是個社會學
概念，指後現代時期的社會特徵，涉及到生產
方式、生產關係、社會結構和意識形態等諸多
方面，具有明顯的歷史和哲學含義；後現代主
義是個風格概念，指後現代時期文化藝術表現
的特點，包括建築、文學、音樂、繪畫、電
影、電視等各個門類。在這三個概念中，更重
要的是應當把後現代性與後現代主義區分開
來。

　　後現代性是個比較寬泛的概念，富於更多
的社會歷史和哲學意義；而後現代主義則比較
狹隘，側重於文化和美學特徵。就真理、理
性、科學、進步和普遍解放等宏偉敘述（grand
narrative）而言，由於它們被認為是自啟蒙運
動以來現代思想的基本特徵，所以後現代性意

味著現代性的終結。對後現代性來說，那些可
愛的希望不僅歷史地受到懷疑，而且從一開始
就是危險的幻覺，因為它們使種種歷史的可能
性陷入了觀念的束縛。這種現代性的「專制體
系」粗暴地破壞真實歷史的複雜性和多樣性，
無情地取消差異，將所有的「他性」（othern-
ess）變成沉悶的同一性，還常常表現出一種
極權政治。它們是些「捉摸不定」的東西，透
過在人們眼前晃動可能的理想，分散人們對政
治變化的注意。它們包含危險的絕對主義信
念，相信變化的生活方式和認識能夠基於某種
終極的、無可懷疑的單一的原則：理性或歷史
規律，技術或生產方式，政治烏托邦或普遍的
人性。

　　與現代性相反，對於「反基礎論」的後現
代性，人們的生活方式是相對的、不確定的，
由純粹的文化成規和傳統形成，沒有可以認同
的始源或宏偉的目標；而所謂的「理論」，大
部分只是說明這些繼承下來的習慣和機制的一
種浮誇方式。根據後現代性的看法，人們無法

理性地發現自己的活動，這不僅因爲存在著不同的、不一致的、也許無法衡量的理性，而且還因爲人們所能提出的任何理性總是由某種前理性的權力、信念、興趣或欲望的語境形成，而它們本身不可能是理性展現的主體。對後現代性而言，人類生活不存在任何涵蓋一切的整體性，不存在統一的理性或固定的中心，唯一存在的是文化或敘述的多樣性，這些多樣性無法按等級次序排列，也沒有優劣之分，因此它們必須尊重本不是自己行爲方式中的那種不可破壞的「他性」。知識對文化語境是相對的，因此聲言知道世界的「本來面目」只能是一種妄想——因爲人們的理解總是片面的、不無偏見的一種解釋，而世界本身也絕不是特定的。換言之，真理是解釋的產物，事實是話語的構成，客觀性只是已經獲得權力的那種有爭議的解釋，而人類主體則是與他所思考的現實完全一樣的一種虛構，或曰沒有任何固定性質或本質的一種自我分裂的實體。

　　後現代主義可以說是適應後現代性的文化

形式。典型的後現代主義藝術作品是隨意的、折衷的、混雜的、無中心的、不固定的、不連貫的、拼湊的、模仿的。它們忠於後現代性的原則，摒棄形而上學的深刻性，追求一種人為的深度，因而富於遊戲性和享樂性，缺少情感，只有表面或暫時的強化。後現代主義懷疑所有已經確認的真理，因此它的形式必然是反諷的，認識論必然是相對的。它否認一切試圖反映穩定現實的努力，因此必然有意識地堅持一種形式或語言層面上的存在。它知道自己的虛構缺乏基礎和根據，因此只有誇耀它對這一事實的反諷意識，才能保持一種否定的真實性。由於擔心孤立的同一性，提防絕對的始源，後現代主義強調「文本互涉」的性質或「互文性」（intertextuality），它所戲仿加工的其它作品，本身也只不過是這樣的加工而已。它所戲仿的東西一部分是過去的歷史，但這種歷史不再是產生出「現在」的線性因果鏈條，而是存在於一種永恆的「現在」，因為大量的素材從它自己的語境中抽出，與當代結合在一

起。最後，後現代文化不喜歡傳統上區分
「高級藝術」和「流行藝術」的固定界線或範
疇，它藉由生產仿製品解構這些界限，有意識
地生產流行或通俗作品，使自己成爲可以愉悅
地消費的商品。後現代主義像班傑明的「機械
複製」那樣，力圖以一種更通俗的藝術打破高
級現代主義文化嚇人的氛圍，懷疑一切所謂
「特權的」或「精英的」價值等級。在後現代
主義文化裡，不存在好壞高低之分，唯一存在
的是不同或差異。由於尋求跨越藝術與普通生
活之間的藩籬，有些人認爲後現代主義是激進
前衛派的復興——因爲傳統上的先鋒派也曾追
求這樣的目標。確實，在廣告、時尚、生活方
式、購物中心和大眾傳媒裡，美學和技術已經
互相滲透，而政治也被轉變成一種美學的景
觀。但是，後現代主義對傳統的審美判斷不屑
一顧，而且這種觀點在文化研究中產生了明顯
影響，自 80 年代以來，文化研究常常不尊重
經典作品與通俗藝術的價值區分，甚至不考慮
十四行詩和肥皂劇的價值區分。

我們知道，關於後現代性和後現代主義的爭論一直存在，而且形式也多種多樣。詹明信認為，後現代主義是後期資本主義文化的內在邏輯，是商品形式對文化本身的滲透，簡言之，是「文化的商業化，商業的文化化」。

對詹明信來說，後現代主義表示藝術的一種全新的社會定位。他認為，後現代主義不是主題問題，也不是題材問題，而是藝術充分進入商品生產世界的問題。詹明信的解釋與馬克思主義相聯繫，認為全球跨國資本主義階段標誌著資本主義發展的一個新的階段。因此，後現代主義是當前後期資本主義階段的文化形式，與現實主義是資本主義工業發展階段特有的藝術形式、現代主義對應於帝國主義和壟斷資本主義經濟階段等並無二致。

在論述後現代主義時，詹明信強調經濟和文化的統一，既與阿多諾和法蘭克福學派的現代主義觀點一致，又強烈地與之對立。對阿多諾來說，藝術的商品化標誌著最後取消任何獨立的批評觀點，就是說，對經濟發展中的支配

形式難以從獨立的觀點出發進行批判；而對詹
明信來說，文化生產與經濟生產的完全統一，
使文化從根本上干預經濟的文化政治有可能實
現。

　　詹明信認為，如果對資本主義的第一次文
化反應是現實主義，旨在提供理解這個新經濟
發展階段的表現形式，那麼現代主義就是承認
任何這種表現本身都屈從於社會和經濟形式，
這些形式會根據不斷變化的讀者使表現的理解
相對化。詹明信指出，現代主義在失去關於表
現的天真之後，試圖發明決定其自身讀者的形
式，對尚未被任何商品形式介入的未來投射一
種內心想像的世界。正是由於這個原因，現代
主義的歷史才明顯具有新形式的創始地位，具
有一種先鋒的倫理，而且不論這種倫理是美學
的還是政治的形式，都會注視著未來，尋求理
想的「喬伊斯式的或無產階級的」讀者。詹明
信認為，遠在阿多諾的文化分析之前，現代主
義本身便構成一個從結構上反對商業的領域。
它將自身投射到現實的努力，其前提是以一種

完美的未來人為基礎的，而這種人將成為理想
藝術的理想讀者。

在現代主義建築裡，這種設想最明顯，但
其不充分性也表現得最清楚。詹明信認為，建
築一向是最能表現藝術與經濟相結合的領域，
因此也是現代主義衰落的神經痛點，就像勒考
比西埃或法蘭克‧勞埃德‧賴特的主張遇到了
後工業城市的現實那樣。正是出於這種考慮，
詹明信對後現代主義的分析常常側重於 70 年
代後期有關建築的爭論。但他指出，如果建築
是最難脫離經濟的傳統的藝術，那麼電影便是
後現代的藝術　（當然脫離資本主義發展的第
一階段也無法充分理解）——電影是最複雜的
工業生產形式的一種產品。

於是，詹明信認為，人們必須考慮歷史的
悖論：這種後現代的媒體概括了現實主義/現
代主義/後現代主義的基本美學發展——經典
的好萊塢電影表現現實主義　（以及關於表現
方式的天真的時刻），50 至 60 年代的歐洲電
影再現現代主義的種種矛盾和悖論　（戈達爾

的電影是其典範），充分發展的後現代電影直
到 70 年代初才出現。後現代的電影是這樣一
種電影：其中高級藝術和低級藝術（常常是不
確定的）之間的區分或多或少地已經消失，文
化和經濟在兩個領域的各個層次上反覆交叉。
這種電影雖然不是普遍的形式，但至少比其他
媒體更多地提供了將最古老的、地區的藝術傳
統與最現代的、全球性的廣告運動相結合的可
能。詹明信指出，這是一種文化形式，它在各
個層次上都受到市場營銷中的習慣和悖論的滲
透，或者說受到一種後現代實踐的滲透，在觀
眾被動的再生產和主動的重塑之間搖擺。因
此，如果現實主義的政治隱含著改良主義
（對社會的理解直接導致社會的控制），現代
主義政治是先鋒派的（其中關於制度的未來趨
向提供政治行動的基礎），那麼後現代主義的
政治究竟是什麼尚不清楚，不過非常明顯的
是，它們會將日益增加的微觀政治層面與那些
幾乎癱瘓了的對全球形式的激動聯結起來。

　　按照詹明信的看法，電影可以說是最後現

代的藝術形式（這裡包括它們與搖滾音樂和電
視的關係），因此在這種藝術形式裡，對當前
的政治無意識可以進行最有效的分析。他認為
分析應該從三方面進行：空間、表現性和寓
言，而其中最重要的是「形象」的轉變。

二、後現代性裡形象的轉變

如前所說，在後現代時期，語言的中心性
正在轉變為形象的中心性，電影、電視和廣告
等大眾文化形式正取代傳統的文學形式。在這
種形勢下，關注社會文化發展變化的詹明信從
理論上考察了形象的轉變問題。

詹明信認為，形象涉及到視覺的歷史和我
們時代的可見性問題。視覺的歷史可以分三個
階段。第一個階段是「看」（Look），本身就
是一個哲學命題。他說，「看設定了我與其他
人的直接關係，但它是以一種預想不到的顛倒
了的方式進行的，其中被看的經驗變成了重要

的，我自己的看變成了第二位的反應。」但
是，「看也可以顛倒；透過回看，我可以把他
者置於類似的地位。」於是「看」變成了真正
的媒介。它涉及到物化的問題，使可見性——
「以及最富戲劇性的可見的主體」——變成了
觀察的客體。[1]

按照詹明信的看法，大量政治和美學潮流
都源於第一階段的辯證關係，例如新的非殖民
化和種族的政治，新女性主義，以一種反應性
的顛倒方式出現的新的身體美學等等。詹明信
認為，透過「看」使其他人變成物，構成了支
配和服從的主要源泉，要避免服從只能靠回看
或回視。因此第一階段可以稱之為殖民或殖民
化的注視階段，也可以說是可見性作為殖民化
的階段。根據這一觀念，「看」基本上是對稱
的：「它不可能為第三世界提供生產占有的機
會，而是必須顛倒過來，就像阿萊赫‧卡朋鐵
爾（Aleo Carpentier）把歐洲超現實主義徹底
翻轉過來，規定它的第三世界的對應物是主要
現象，超現實主義至多變成一種願望的實現或

某種形式的文化妒嫉。於是首先出現了魔幻現實主義：超現實主義被重寫爲一種歐洲人的無力的企圖，意欲在一種必須保持現實是想像性的社會秩序中改變它自己的看法。」[2]詹明信借用莎士比亞《暴風雨》中的人物卡利班（半獸人）指出，在這個階段，第三世界被第一世界視爲卡利班，而它們也確實爲自己選擇了那種身分。然而這種對可見性的侵略式的肯定，必然仍是反應性的：它無法解決矛盾，因爲事實上那種身分仍然是第一世界的殖民者或歐洲文化加給它們的。歐洲文化仍然是普遍性的，而卡利班的藝術只是肯定了一些地區性的特徵。

　　第二階段始於傅柯所說的「他性」（Otherness）主題，也稱作官僚化階段。詹明信指出，傅柯努力把認識論的分析轉變成一種支配的政治，將知識與權力緊密結合使它們不可分開，而「這種努力現在把『看』變成了一種衡量的工具。可見性變成了官僚主義的注視，處處尋求具體化的『其他』及其具體化的

世界的可衡量性」[3]。詹明信認為，這一轉變
改變了「看」的側重點，最終會取消個人觀看
的行為；被看變成了一種普遍的服從狀態，可
以與任何具體的個人的看分開。

> 傳統上權力是可以看見的東西，是展
> 示和表現自己的東西，它矛盾地發現其權
> 力的真正原則在於調配這種展現的運動
> ……[在這種新的戒律世界上] 真正需要
> 看見的是權力的受體。受體的顯現確保掌
> 握對他們施加的權力。正是不斷被看見的
> 事實，正是總能被看見的事實，才使有戒
> 律的個人一直處於服從地位。因此審視或
> 觀察是一種技巧，憑藉這種技巧，權力無
> 需發出它的力量的信號，無需把自己的標
> 誌強加於它的受體，而是在一種客觀化的
> 機制中抓住他們……[體格] 檢查相當於
> 這種客觀化的儀式。[4]

詹明信認為，傅柯上述這段話的觀點引起
一種反極權政治的反應，它一方面轉變成一種

批判男性權威的女性主義政治，另一方面又轉
變成一種對國家機構不無敵意的無政府主義政
治。但是今天，由於對破壞、違法和否定或批
判等概念的重新評價，傅柯的著作便顯得有些
過時，不再像先前那樣具有政治上的影響。傅
柯的觀點雖有助於說明「看」的作用，但他將
知識與權力同一，將認識論與統治的政治同
一，很可能會取消作爲一種獨立實踐的政治本
身，而將一切形式的知識和衡量變成戒律、控
制和統治的形式，實際上會抽空那種更狹隘的
政治。因爲傅柯的觀點畢竟排除了對經濟結構
的考慮。

　　當含混不清的客體本身被一種技術客體取
代時，尤其當它被傳媒技術取代時，第二階段
就會出現突破性的變化，爲截然不同的第三階
段做好準備。詹明信指出，「現在，沉默的客
體本身又可以說話了。」[5]也就是說，可見性
本身將發現自己被轉變成一套全新的話語，對
先前的體制產生重大的影響和後果，詹明信認
爲這是一種具有潛能的轉換，其範圍可以根據

「形象」一詞的種種模糊性來進行解讀。形象現在一下子比比皆是，變成了商品具體化的最後形式，同時還開始不斷地表明一種技術上的始源。「因爲在我們這個時代，認識論作用的真正載體是技術和傳媒：由此文化生產出現一種變異，其中傳統的形式讓位於混合傳媒的實驗，而且攝影、電影和電視全都開始滲透到視覺藝術（以及其它藝術）作品當中並支配它們，同時產生出各種高科技的混合物，從裝置藝術到計算機藝術。」[6]

於是，出現了詹明信所說的第三個階段：後現代階段。詹明信認爲，在這個階段，偏執於傅柯整個系統的一切都爲高科技的狂歡讓出空間，對於所謂的後麥克魯漢的（post-McLu-hanite）觀點，即電腦和電腦空間使文化發生了根本改變的觀點，也大加讚賞和肯定。現在，「一種迄今不吉祥的、似乎不容任何烏托邦選擇的、普遍的可見性，由於其自身的原因而受到歡迎和歡呼：這是形象社會的真實時刻，在這個時刻，人類主體一天會受到上千個

形象的轟炸（同時他們以前的私人生活也遭到徹底的觀察和審視，在數據庫裡被逐條記錄下來、進行衡量並列舉出來），開始經歷一種極其不同的與空間和時間的關係，一種極其不同的與存在以及與文化消費的關係。」[7]

在這種新的形勢下，詹明信認爲，混合傳媒或技術的藝術作品隱含的反應非常短暫。他解釋說，在這個新的階段，文化本身的領域已經擴大，並開始與市場社會相聯繫，其方式是文化不再局限於以前傳統的或實驗的形式，而是完全透過日常生活本身被消費，包括購物、職業活動、各種常在電視上出現的休閒方式、爲市場生產以及對那些市場產品的消費等等，實際上包括日常生活最隱蔽的角落。「社會空間現在完全充斥著形象構成的文化……一切都被轉變爲可見的和文化上熟悉的東西。」[8]

根據這種變化，詹明信推斷封閉的美學空間也會對其充分文化化的語境開放：由此出現了後現代主義對舊概念的批評攻擊，如「藝術作品獨立」或「美學獨立」的概念等；這些概

念在現代時期一直存在，甚至可以說是現代主
義哲學的基礎。其實，從某種嚴格的哲學意義
上說，「現代的結束也必然意味著美學本身的
終結，或整個美學的終結：因爲如果美學充斥
一切事物，如果文化領域擴展到一切都以這種
或那種方式變成對文化的適應，那麼傳統的美
學獨立性或『特殊性』（甚至文化本身的獨立
性或特殊性）必然會模糊不清或完全消失。」[9]

　　按照詹明信的看法，回到美學似乎與後現
代時期同樣廣泛鼓吹的政治的終結連在一起。
這無疑是一個悖論，而且這個悖論顯然需要對
藝術作品及其結構作一種辯證的解釋，一種與
藝術獨立性的終結相關的解釋。「因爲一旦人
們不再細察個體的作品本身──不論它們的形
式還是內在的組織結構──對博物館的參觀便
會喚起碰運氣的感覺，其中色彩的閃光從這個
或那個經過的表面被彙集起來，形式的碎片以
班傑明所說的消遣方式被消費，而且彷彿從眼
角斜視出來似的，肌質得到承認，密度以無法
標識的方式被穿越，空間圍繞著你自行聚

散。」[10]在這些條件之下，審美注意力會轉移到觀察和感知本身，放棄先前組織它的客體並返歸到主體性，好像由此它會提供一種隨意而範圍廣闊的對感覺的體驗，包括感覺資料引發的情感可能和激奮情緒。但這並不是以任何主動或獨立的方式對身體的某種恢復，而是將它轉變到某種被動多變的「記錄」領域，在這個領域裡，世界可感知的部分在永恆的矛盾當中時斷時續。

　　詹明信認為，正是這種後現代感覺的新的生命，才被要求作為一種美學更新的證據，作為一種觀念虛構或比喻的證據，它們被轉用於對更新作品的說明，而這些作品又最適宜用作其閃爍不定作用的托詞。這裡，先前的美學像是以感知經驗的強化方式——提高或降低——被加以讚揚：「其中可以列出一些對『崇高』（它已經經歷了一種新的後現代的復興，與它在現代主義當中發揮的作用大不相同）、擬象（simulacrum）和『神秘離奇』的有趣的思考——這些現在不再作為特殊的美學方式，而

是作爲一些局部的『強化』，一些後當代
（post-contemporary）生活連續統一體裡的偶然
事件，一些後期資本主義感性體系裡的中斷和
裂痕。它不是『否定』這種新的經驗體系的問
題，更不是根據過去的某種價值要求對它進行
本質上是道德的譴責。」[11]由此詹明信進一步
認爲：這就是我們的世界和我們的原始材料，
是我們唯一能夠用以工作的東西；最好不帶任
何幻覺地對它進行觀察，清晰地看出我們面對
的東西。

　　根據詹明信的看法，形象的轉變是後現代
的一個主要特徵，其根本原因是全球規模的商
業化，甚至「最後尚存的飛地——無意識和自
然，或者文化和美學生產與農業——現在也已
經納入了商品生產」。[12]在以前的時代，藝術
是個超越商品化的領域，在藝術裡仍然可以獲
得某種自由。在現代主義後期，按照阿多諾和
霍克海默的〈文化工業〉一文，藝術中仍然有
些地方可以避免商業文化的商品化。而在後現
代時期，似乎一切都商品化了。換種方式來

說，在文化領域裡，真正表示後現代性特徵的
是對商業文化之外的一切都進行壓制，隨著形
象的生產和擴散，一切藝術形式都被納入到商
業文化之中。今天，形象就是商品。因此要想
從中否定商品生產的邏輯，肯定是徒勞無益
的。

　　對於後現代性裡的形象的轉變，詹明信認
為最明顯的實例是電影的商業競爭和音樂電
視。現在，強化的電影競爭為了贏得電視觀
眾，已經完全改變了原先電影預展本身的結
構。以前的電影預展一般要加以擴展，使之包
含一些引起觀眾興趣的綜合內容。現在的預展
不僅要展現一些影星的形象和一些高潮的樣
板，而且還必須概括地展示所有的故事轉折，
或者說提前預展整個情節。於是，習慣於這種
預展的觀眾發現：預展實際上是他們需要的一
切。除非為了消磨時間，他們不再需要看那種
放映兩個小時的影片。而且這種情況與電影本
身的質量無關（可能與預展本身的製作質量有
關）；與對情節或故事本身的瞭解也不甚相

關，因為在當代的動作片（或武打片、功夫
片）裡，情節或故事畢竟只是一種提供懸念的
托詞。因此，在這種看似簡要的鏡頭和高潮選
集的預展當中，真正提供給觀眾的只是形象，
它們本身就足以令人滿意。這使人想起北京電
視臺21頻道每周六的「都樂環球影視」節目。
許多人喜歡收看那個節目。我沒有向電視臺瞭
解那個節目的製作背景，但它無疑與美國電影
競爭中的那種預展極其相似，應驗了肯‧拉瑟
爾那句看似玩笑的預言：到21世紀，所有的
虛構影片每一部都不會超過15分鐘。

　　音樂電視，或以視覺類比的想像性的音樂
表現，可以說是電視商業的直接後果，其所能
獲取的美學性質，充其量是形象的高度集中。
它提供的形象變化帶有強制性，具有某種暴力
的性質，然而又是靜止的變化；雖然它也提供
一種方式保持敘述的時間線索，但實際上卻使
觀眾無視時間而在現時的瞬間消費一種視覺的
豐富性。它所不斷填充和轉換的新的內容，其
實不過是形象的一種充實：將陳腐的東西轉變

成高雅的視覺形象，自覺地提供給眼睛消費。
這種情況與電視的商業廣告如出一轍，不斷在
螢幕上出現的形象，表現出一種商業資本的內
在邏輯：形象的投入促進資本的投入。

註　釋

[1]Fredric Jameson's manuscript of THE TRANSFORMA-
　TION OF IMAGE IN POSTMODERNITY.

[2] 同註 1。

[3] 同註 1。

[4] 同註 1。

[5] 同註 1。

[6] 同註 1。

[7] 同註 1。

[8] 同註 1。

[9] 同註 1。

[10] 同註 1。

[11] 同註 1。

[12] 同註 1。

第七章
全球化和文化同一性

　　眾所周知，自 60 年代以來，美國文壇一直是眾家紛云，莫衷一是，有人借巴赫金之說稱之爲「眾聲喧嘩」，也有人借中國古典之說稱之爲「諸子百家」。綜觀今日美國文壇之現狀，雖仍是「百花齊放」，但最熱鬧的話題無疑是文化研究或文化批評。這是因爲，過去的種種理論，如結構主義、後結構主義、現象學、讀者反應批評等等，雖然仍有其影響和力量，但大部分已變成「過去時」的話語，納入了實用的範疇。而文化研究或文化批評，因其與後現代或後當代（post-contemporary）社會的密切聯繫，緊扣當前的文化現實，多以

「現在時」甚至以「將來時」的話語討論,充
滿了創新的活力,所以越來越受到人們的重
視。

　　伊戈頓指出的,遠在18世紀末和19世紀
初,當「文化與社會」的爭論開始之際,在
新型社會壓力之下,藝術、價值、習慣、信念
和經濟及社會─政治生活的特定形式之間的關
係,便在一些思想家的意識裡已經開始以新的
方式結合起來。於是,「文化」這一術語變成
了生活經驗結構與承認社會變化的一種新的聯
繫方式,變成了一種可以同時討論兩者的語
言,並為個人感情結構、社會感情結構和不斷
變化的社會機制綜合之間的相互協調提供了一
種新的洞察範圍。今天所說的文化研究或文化
批評,實際上就是出於這種對「文化」的理
解;所謂某個社會的文化邏輯,其內涵也是出
於同樣的考慮。

一、「公民社會」的衰微

　　今天，隨著全球化的蔓延，世界秩序正在重構。在這樣一個時代，社會如何發展，文化如何反應，構成了當前知識界的一個重要話題，薩伊德的後殖民文化論、詹明信的後現代文化邏輯論、杭廷頓的文明衝突論、多元文化主義和「少數話語」理論等等，雖然各自的方法和側重點不同，但無一不與這種大背景密切相關。隨著文化研究的深入，越來越多的知識分子開始加入關於社會和文化前途的討論。一些重要的雜誌，如《疆界2》（ *Boundary 2* ）和《社會文本》（ *Social Text* ），都曾先後以專號或專題的形式討論這一問題，而其中的熱點之一便是「公民社會」的衰微。

　　「公民社會」是個有著漫長歷史的概念，也是個具有多種意義的術語。例如， 19 世紀羅馬天主教說「公民社會」時，指的是與教會

對立的國家政體；而馬克思運用這個術語時，指的是社會的經濟基礎，與上層建築的國家相對。這裡所說的「公民社會」，指的是公民或市民組成的社會，與國家經濟相對而言。

美國學者邁克爾・哈德特認爲，隨著全球經濟的重構——靈活的積累和資本的三極組織（美國、日本、歐洲共同體），出現了「對機構部署和結構的重新安排」[1]，由於這種情況，甚至關於社會組織最有說服力的看法，尤其是根據民族框架的觀念，已經變成了過時的東西，也就是說，「公民社會」正在衰微。「事實上，最近幾年，在北美、歐洲和其它一些地方，『公民社會』存在的條件越來越遭到破壞。即使我們認爲『公民社會』在政治上是適宜的，在當前條件下援用這個概念也仍然只能是徒勞無益。」[2]哈德特指出，承認「公民社會」的衰微會使我們更好地理解當前的社會現象。「現代」和「後現代」等術語都缺乏具體性，「我們今天於中生活的社會更應該理解爲一個『後公民社會』（post-civil society）」[3]

　　爲了說明「後公民社會」，應該追溯一下
「公民社會」的演變。在現代初期，盧梭認爲
「公民社會」與自然社會相對，公民社會有國
家秩序，而自然社會是非理性的無序社會，從
自然社會到公民社會是人類文明化的歷史發
展。

　　到了資本主義成熟時期，黑格爾認爲公民
社會與政治社會相對，即公民社會和國家政權
相對。黑格爾的概念有兩點創新之處：首先，
公民社會獲得了一種更複雜的經濟界定，適應
資本主義的發展成熟，在某種程度上等同於資
產階級社會。它使人集中於市場交換和資本主
義生產關係所包含的文明化過程與公民社會之
間的關係。按照黑格爾的看法，由於需要、交
換和對特殊個人利益的追求，「公民社會無組
織的原子」，透過資本主義生產和流通的競爭
機制會向普遍有序的方向發展。由此，公民社
會的經濟中介可以代替以前的自然角色，與政
治領域裡理性的秩序相對。其次，黑格爾的公
民社會強調它的教育方面。黑格爾不是以公民

社會／政治社會的二元論代替自然社會／公民
社會的二元論，而是提出了一個三元論的概念
——自然社會／公民社會／政治社會。自然狀
態作爲個人需要領域與政治的國家沒有直接聯
繫，必然經過公民社會才能變成政治的。公民
社會和自然社會都是需要和個人利益的領域，
但公民社會還是一個關係領域——一個教育
領域。也就是說，公民社會承認人的需要和特
殊的個人利益，通過資本主義社會的生產和交
換機制將它們彼此聯繫起來，並由此提出一個
國家可以實現社會普遍利益的領域。黑格爾認
爲，公民社會基本上是個「勞動」社會的概
念。透過勞動，滿足個人需要的追求與他人的
追求會聯繫起來。透過對具體勞動和抽象勞動
的分析，黑格爾的公民社會概念又被稱之爲抽
象勞動組織的社會。

　　馬克思的看法與黑格爾的大不相同。他認
爲現代公民社會或現代資產階級社會不是爲了
人類的福利與和平，而是爲了經濟剝削。雖然
馬克思同意公民社會等同於社會的經濟領域，

但他不同意黑格爾把國家作為整個社會基礎的看法。馬克思認為，公民社會才是基礎，而歷史是公民社會進化的過程。只有在某些歷史階段，公民社會才能與政治調和。在黑格爾的政治理論裡，政治和經濟的融合是公民社會面對的現實，而馬克思則認為政治和國家在某些條件下依附於公民社會。馬克思明確指出，資本主義的國家有兩種功能：一方面像個社會組織那樣為資產階級的利益服務，另一方面像權力機器那樣運用警察和軍隊保護資產階級，鎮壓工人階級；因此國家最終必然消亡。

　　20世紀，葛蘭西發展了黑格爾的概念，以馬克思的概念為基礎，提出了民主社會和專制社會相對立的概念。他認為最終政治社會將重新納入公民社會。他說，在西方，「國家和公民社會之間有一種適應的關係，當國家動搖時，一種健康的公民社會結構立刻會顯現出來。」[4]按照葛蘭西的觀點，公民社會與國家處於一種緊張和平衡的關係之中，並產生出牢固的聯繫形式，這些形式會引發一系列的法

律，使社會適應生產：「國家必須成為一個
『教育者』，因為它完全傾向於創造一種新型
的或新水平的文明。由於首要的事情是對經濟
力量發生作用，重新組織並發展經濟生產的機
制，創造新的結構，所以一定不能認為上層建
築因素應該任其自然發展，任其隨意地、分散
地出現。在這個領域裡，國家也是一種『理
性化』的工具，一種加速的工具。」[5]

　　在後期資本主義或後工業社會裡，公民社
會被納入了「控制的社會」。這與傅柯的理論
相似。傅柯認為，公民社會是個建築在紀律之
上的社會，它所提供的教育融進了標準化的網
絡系統。但是，正如哈德特所指出的，在當代
西歐和北美社會裡，以前的理論概念都已過
時，因為它們不能說明居支配地位的社會生產
和社會秩序的機制。換言之，以前公民社會的
典範已不再適用，或者說公民社會正在衰微，
正在向一種新的社會關係和新的統治條件構
成。當然，這並不是說以前公民社會的觀念已
經完全失效，而是說它們失去了曾經有過的統

治地位，出現了一種新的社會機制和結構的構成。正如傅柯在一次談話中所說：「這些年來，社會已經發生了變化，個人也發生了變化；他們的分歧、差別越來越大，越來越獨立。各種類型的人越來越多地不爲戒律所約束，因此我們必須想像那種無戒律社會的發展。統治階級仍然充滿了舊的方法。但非常明顯的是，將來我們必須使自己與今天的戒律社會分離。」[6]

如果將傅柯的觀點加以延伸，我們可以說，在後期資本主義的生產方式裡，生產力或整個生產似乎不再是限定和維持資本主義社會組織的支柱；生產獲得了一種客觀的性質，彷彿資本主義是一架機器，自動地向前運動。在這種情況下，公民不再被作爲一個固定的社會同一體，而新的統治力圖將公民作爲任何一種同一體來進行控制，或者無限靈活地保持一種公民的地位。它傾向於建立一種自治的統治階段，確立一種對社會的模仿——脫離對抗的社會力量領域。於是，活動性、快捷性和靈活

性便成了這種統治特有的性質。「這種可以無限編制程序的機器，至少提供了一種新統治典範的近似的圖解。」[7]

概略地說，在後期資本主義社會裡，資本不再必然與勞動結合，或者說不再在生產的核心體現勞動；社會資本好像獨立地自行再生產，其過程彷彿成了社會制度本身的產物。既然勞動和資本分離開來，公民社會和國家統治的二元論也不復存在。因此作爲勞動者的公民便失去了原來的同一性，所謂的「公民社會」也便走向終結，或者說進入了「後公民社會」階段。

西方知識界認爲，公民社會的終結不是一種倒退。但如何從理論上解釋這種終結，終結之後的社會是什麼樣子，至今尚沒有令人滿意的回答。他們從多方面進行探討，從歷史經驗到未來想像，從現實到烏托邦，從話語形態到內在意識，從藝術表現到文化邏輯，企圖揭示這一社會現象產生的原因和影響，展望它的種種可能，進而將他理論化。這種探討不僅反映

了知識分子對社會前景的關注，而且也影響著
社會文化觀念和文化研究。

二、全球化和文化同一性

　　關於「公民社會」的討論，基於對當前資
本主義的總體觀照。在西方發達國家，資本主
義已經發展到一個新階段，出現了所謂的
「全球化」現象。他們為這個階段貼上了各種
不同的標籤，如後期資本主義、發達的資本主
義、非組織的資本主義、跨國資本主義、全球
化的資本主義、後福特主義等等。這個階段的
主要特徵是：出現了國際化的勞動分工，國際
信貸經濟得到發展，資本調控進入跨國公司結
構，生產系統和勞動過程日趨靈活，非中心化
經濟逐漸形成，標準化的市場和消費模式的指
數不斷增長，綜合保障的信貸制度日益擴展，
新價值符號體系開始創立並實際運用。在這個
新的階段，現代時期那種集中於大城市大工廠

的生產方式，轉移到了周邊國家或半周邊國家
（例如從美國轉移到了墨西哥和南美諸國），
出現了區域化和一體化的經濟；而在資本主義
中心的美國，則出現了一種完全不同的生產方
式，一種近似於生產之生產的生產，一種更高
層次的生產，也就是一些美國人所說的「後設
生產」（metaproduction）。這種生產方式的市
場不再以具體商品爲主，而是以形象和景象的
特殊安排及其儲存和服務方式爲主。

　　「後設生產」基本上是分散的，其主要場
所是公司和新型實驗室。美國學者肯尼思・蘇
林認爲，當前資本主義發展的這個階段及其越
來越廣泛的後設生產系統，已經創造出一種新
的社會秩序，在這種社會秩序裡，一切生產和
再生產的條件都已經直接被資本吸收──由於
取消了社會和資本之間的界限，資本自身變成
了社會性。蘇林指出，爲了進一步攫取新形式
的剩餘價值，資本必須擴展它控制整個生產社
會合作領域的邏輯，將整個社會都包括進去。
只有採取這種方式，資本才能進入社會權力的

流動，而這種權力本身就是資本的權力。資本
主義的控制現在普遍存在，到處擴散，不再像
19世紀那樣，集中封閉在一個地區。

　　在這種新的世界體制裡，資本是一個龐大
的機器，它不斷地破壞機制，同時又不斷地重
建機制。這種大機器的權力超越國家權力，但
它並不憑藉這種優勢消滅國家。相反，國家發
生了又一次變化——將它置於與資本的互惠關
係之中。資本是一種「世界範圍的組織」，儘
管它具有巨大的決定作用並有多中心的特點，
但並不會完全取代國家。實際上，資本（資
本主義）利用國家避免它可能遇到的限制，而
國家（政府）則代表資本（資本主義）來組織
社會力量（實施權力），打破可能危及資本的
種種限制。國家和資本（資本主義）共謀，
實現資本不斷擴張的邏輯。

　　資本主義作為跨國的數字運算系統，可以
保證各種不同資本結構的同質性。資本自身的
邏輯是保證它的再生產條件。在跨國資本主義
時期，資本處於各種構成的交叉點上（包括

商業的構成、藝術的構成、宗教的構成等
等），因此具有補充的能力，可以將生產中的
非資本成分或方式統一起來或重新組合起來。
例如在一些發展中國家，各種生產同時存在，
從帶有部落性質的原始生產到不亞於發達資本
主義國家的電腦技術，似乎每一種方式的生
產，包括封建式的生產，都可以透過資本來調
整，都可以置於資本的支配之下。在這樣一個
「同質性」的世界上，幾乎一切都可以為資本
生產剩餘價值。換句話說，在資本已經變得無
處不在的社會環境裡，作為資本的必要條件的
生產勞動，也在每一個社會成分裡確定了位
置。但是，為了使資本能夠繼續不斷地再生
產，整個社會同樣也必須加以組織。結果，由
於這種雙重性的發展，剝削者和被剝削者之間
絕對的空間區分便會逐漸消失——剝削者無處
不在，被剝削者也無處不在。例如，跨國公司
可以剝削亞洲人，也可以剝削美國人，可以是
美國人的公司，也可以是中國人、日本人、新
加坡人的公司。

　　一般說來，在現代時期，必須先有某種社會權力組織，生產才能進行。但是在資本的後設生產方式裡，資本已經超越了只需集中於剝削力量的階段。就目前情況而言，資本正在重構積累的特殊空間，但由於文化是資本組織並傳播生產欲望的所在，所以資本必然滲透並充斥著文化生產的空間。這就是說，隨著跨國資本的發展，文化也將進入跨國化的過程，形成所謂的全球文化；也可以說跨國資本主義將使各種文化更加接近，透過傳媒互相交流、滲透、乃至融合，改變各種文化原有的特點。

　　這些發展表明了一種歷史和文化的轉變，一種時代的斷裂，或者說一種後現代的特徵。對於這些變化和轉變，現在必須以一種新的方式來理解，因爲跨國資本主義的發展已經將文化的同一性置於一種新的語境之中。跨國資本主義發展最明顯的標誌就是跨國公司的興起。跨國公司（transnational corporation）不同於多國公司（multi-national corporation），關於這兩種公司的區別，美國學者三好將夫（日裔）作

過這樣的解釋：「多國公司是一個公司，總部設於一個國家，以它爲中心在多個國家經營。其高級管理人員基本上由公司原在國的人組成，雖然公司經營日益獨立，但最終必須服從於原在國。……真正的跨國公司可能不再與它的原在國有密切的聯繫，而是可以脫離原在國，靈活機動，可以在任何地方設立企業，剝削任何一個國家，包括它自己的國家，只要這對它自己的企業有利就行。」[8]這裡最重要的是跨國公司不再爲一個國家服務，而是有它自己的聯盟，爲它自己的公司服務，爲全球資本主義服務，一切都以它的資本增值和再生產爲轉移。換言之，隨著跨國資本主義的發展，一種難以察覺的資本的內在邏輯及其作用將成爲社會的支配力量。

　　當然，文化和社會的構成仍以「和諧」爲基礎。用德勒茲的形象語言來說，就是以「和弦」或「合奏」爲基礎。所謂「和弦」指的是某些動力，它們可以使人物、事件、過程、運動、機制等聚合起來，形成一個統一的構成

體。在跨國資本主義時期，「資本」是和弦的
和弦。例如在發展中國家，構成高科技的和弦
可以在大城市的科技開發區找到，而構成相當
原始的小農生產的和弦可以在偏遠山區找到，
它們不可能互相轉換，但「資本」卻可以使偏
遠山區的產品出現在大城市的現代商場，與電
腦之類的科技產品一起銷售。偏遠山區和大城
市之間似乎不可兼容的生產和積累，透過資本
的作用，在更高層次上「和諧」起來，即使低
層次的和弦之間彼此並無聯繫。依此類推，
不發達國家和發達國家也可以透過「資本」協
調，達成跨國資本主義時期新的世界經濟秩序
──全球化。

　　在這種情況下，文化和社會也伴隨著跨國
資本的擴展進行世界範圍的重構。跨國公司的
經營者們（包括發展中國家的某些人）會互相
勾結，形成跨國資本家階級，他們「不與任何
一個特定的外國認同，也不一定與第一世界或
白人世界或西方世界認同。他們認同於全球的
資本主義制度……」[9]他們利用資本滲透到最

偏遠的地區，傳播一種影響個人主體構成的消費意識形態，將每個個人都納入他們的消費世界；他們的目標是逐步打破人們原有的主體性，在世界範圍內將人改造成消費的主體。一旦人們變成消費的主體，就會無意識地進入跨國公司的意識形態範疇，接受「全球資本主義制度」的觀念和影響，失去原有的文化同一性或文化身分。

另一方面，隨著跨國資本主義的發展，公民社會同樣也會重構。前面所說的公民社會的衰微或後公民社會的出現，其主要原因之一就是資本和勞動疏離，跨國資本的內在邏輯使政府和公民的構成關係發生了變化。政府主要為跨國資本家階級服務，跨國資本家階級為利用政府而支持政府，他們互相勾結，共謀資本的增值和再生產，推行全球資本主義，因而打破了原有的公民社會結構。

如前所述，文化和社會的重構必將影響到民族性和文化同一性。面對新的經濟方式和意識形態的變化，人們如何保持民族性和主體意

識，如何保持文化同一性，這顯然是不可迴避的重大問題。然而，不論重建世界經濟秩序還是推行消費的意識形態，無一不透過話語實踐來完成。任何一種文化都是一種話語實踐，它產生自己的界限，限定它本身與其它文化不同的獨特性。因此，文化同一性永遠是個動態的概念，它必須在與其它文化的相對關係中進行自我限定，換言之，文化同一性與自我限定密切相關。在一種文化或話語實踐當中，一般都有對一種共同的同一性的意識，也就是說，它包含著透過話語對這種同一性的堅持。但是，如果一種文化的同一性根據與其他文化同一性的相對關係而建構，那麼其他文化就可能形成這樣或那樣的干預，影響到同一性的自我限定和同一性本身。所以每一種文化或話語實踐都必須不斷地確定自己的立場。

面對一種其他的文化，人們首先應該考慮是：自己的文化是否承認這種其他文化的「他性」？是否反對這種「他性」？自己的文化是否允許其他文化的破壞性因素入侵而不去改變

它們？對於這些問題一般有三種態度。第一，
強調自己文化的普遍性，否認其他文化的「他
性」並改變這種「他性」。這種態度包含一種
悖論：一方面它要求保持自己文化的同一性，
不允許改變這種同一性的獨特性；另一方面它
又強調其獨特的同一性的價值是普遍性的。這
種態度有時也強調將自己文化的獨特性與吸收
「他性」相結合來達至普遍性，但其最終目的
仍然是強調自己文化同一性和普遍性，隱含著
否定和排斥「他性」的意思。第二，承認其他
文化的「他性」，但要求改變這種「他性」。
然而權力關係的變化可能導致其他文化的入
侵，於是會激起防禦的態度：一方面唯恐自己
的文化同一性遭到破壞，採取保守主義的立
場；另一方面為抵制其他文化「他性」的入侵
而強化自己文化的獨特性，甚至將文化交流中
的融合互補誇大為文化殖民主義。第三，開放
的態度，即在不完全喪失自己文化獨特性的情
況下，承認一種文化可以是一個更大文化範疇
的組成部分。這種態度並不否認自己文化的同

一性和獨特性，而是期望超越自己文化的地方
語境，成爲一種更大的文化。這種強調超越的
態度帶有文化帝國主義的色彩，也有人稱之爲
文化國際主義；它依賴於一種特定文化在世界
經濟和文化結構中的地位，與今天全球高科技
傳媒的迅速發展和跨國資本的蔓延也密切相
關。

　　另外，在跨國資本主義時期，由於跨國資
本的作用使群體關係發生了變化，所以文化同
一性也必然會相應改變。這種改變常常是潛移
默化的，常常是在無意識中實現的。隨著外國
資本進入我國，跨國資本主義的意識形態對我
國的文化也帶來衝擊，文化構成也在發生變
化，而最終必將對我們的文化同一性造成影
響，甚至會破壞我們的文化同一性。這絕不是
危言聳聽，因爲隨著電腦網路和訊息高速公路
的開通，隨著電腦進一步智能化，很可能意識
形態的國家機器也將萎縮，至少其控制作用將
大大減少，結果一切都將直接或間接地受資本
的內在作用支配。

　　關於文化同一性的思考無疑對文化研究產
生了積極的促進作用，同時也影響到對整個社
會文化的觀念和看法。由於後現代主義文化是
後期資本主義的重要特徵之一，而後現代主義
的特徵之一是取消高雅文化和通俗（大眾）文
化的界限，所以我們還可以從大眾文化來看看
社會和文化同一性的問題。

三、瑪丹娜現象

　　在後期資本主義社會裡，文化產品以更快
捷的方式傳播。其中影視文化的作用尤其明
顯，它可以把過去和現在、現在和未來、國內
和國外的東西統統製作在一起，以視覺敘述的
方式使它們變成後現代的平面萬花筒，並由此
使文化泛化，成為日常可消費的東西。因此，
今天要研究社會文化，不可能不考慮大眾文化
或通俗文化中的種種現象。正是基於這種考
慮，最近幾年一些出版物不斷以專題形式討論

通俗文化，包括迪斯可、鄉村音樂、搖滾音樂、影視傳播、廣告招貼、流行小說、乃至妓女和性文化。在這些討論裡，學者們採取學術研究的姿態，深入到文化意識的深層，探索社會文化的內在邏輯。下面要談的瑪丹娜現象，只是其中的一個例子。

　　人們認爲，在有關瑪丹娜的「消費」傳說中，今天的美國文明找到了社會達爾文主義的性愛表現，並認爲它是重要的美國民族精神之一。瑪丹娜的隨意說唱以警句式的共鳴被記錄下來，例如「力量是一劑劇烈的毒藥，我是個非常有力的人」，「有力是一種非凡的感覺，我想那正是人人渴求的東西：力量」，「我堅韌不拔，雄心勃勃，我知道我真正需要什麼。倘若那使我成爲壞女人，有什麼不好！」[10] 瑪丹娜使通俗文化中對立的題材調和了起來，如西部影片中道德純潔的個人主義與邪惡的殘暴勢力的對立，偵探小說中正義與罪犯的對立，情節劇中善與惡的對立，科幻小說及科幻影片中過去和現在、現在和未來的對立等

等。

　　她的傳記作者寫道，「千百萬人在瑪丹娜的聖壇上祈禱，她是我們不斷促銷的女人」，或「美國最精明的女商人」。[11]這位「充滿物欲的姑娘」以其特有的和令人震驚的拼湊技巧，──如她唱的「宛如處女」和「像個祈禱者」──整個代替了頭腦簡單而馴順的瑪麗蓮夢露。瑪丹娜以她意義含混、可作多種理解的演出，把美國表現爲一個不固定、不穩定、變幻無常的國家，從而使同一和差異辯證地發生作用，抓住了千百萬人的幻想，使他們狂熱而激動。因此美國一些左翼學者認爲，瑪丹娜現象實際上是性欲化加民族化的擬象，本質上是消費的意識形態，是後期資本主義商品拜物教的一種體現。

　　瑪丹娜在加拿大作「美女奢望」演出旅行時，加拿大根據「褻瀆閥」對她進行了查禁。她憤怒之際，高唱「真理或勇氣」，揮舞國旗，鼓吹她在美國享有無與倫比的表現自由，以此使她成爲美國「例外論」的最有力的使

者。在瑪丹娜對世界地圖的直覺繪製當中，民
族沙文主義和普遍的商品化同時存在。由於瑪
丹娜將「安全性生活」與「混亂性生活」的訊
息混合在一起，她還被認為模糊了男女性別的
界限，實現了「無性別歧視的性生活」；實際
上，在她極其流行的電視音樂演出裡，她非常
輕浮地對待雙性戀、亂交、顛倒化妝、施虐－
受虐狂、以及其他性行為的變態。瑪丹娜的後
現代風格，如感情衰退、缺乏深度和批評距
離、富於多相性、缺少差異等等，被讓·鮑德
裡拉再次寫進了他在美國發現的那種新的性愛
文化。他認為，這種文化之所以引人注意，是
因為它懷疑性的差異，懷疑在性別和風格混合
當中人們性行為的同一性；它透過消解誘惑、
差異和性行為本身的意義和價值，追求一種性
別模式或一般的程式，而性行為本身正在被一
種表演的模式或理想所取代：「在一個勝利的
階段之後，對女性性行為的維護已經變得與
對男性性行為的維護同樣無力……男性的外部
性徵趨向於零，女性的外部性徵也同樣如

此。……再沒有什麼性和肉體享樂的爆炸性人
物，那些新的偶像（包括瑪丹娜）爲每個人都
提出了『玩弄』差異以及缺乏自我限定的問
題。」[12]

　　在對通俗文化的研究中，美國一些學者認
爲性行爲與民族主義有著密切聯繫。據此，他
們認爲瑪丹娜現象標誌著美國民族主義進入了
一個新的階段，從一種富於神聖使命感的民族
自愛（其標誌是自由女神、華盛頓和林肯），
正在走向追求跨國的、宇宙的聖杯；換言之，
「美國成功的夢想」變成了全球權力意志，民
族最終將化爲海市蜃樓，看似充滿福音，實際
卻是交換價值的魔力橫行的世界。

　　美國學者對瑪丹娜現象的研究爲我們提供
了一個可資借鑑的範例。最近閱讀國內一些關
於「消閒文化」的討論，總覺得大部分是就事
論事，既缺乏理論思考，又沒有對內在的文化
邏輯進行挖掘，因而也就難以進一步提高人們
的認識。而關於瑪丹娜現象的討論，儘管這裡
的介紹非常簡單，卻不難看出它被納入了理論

化的思考，納入了整個社會文化的範疇。

　　面對今天的社會現實，關於公民社會、文化同一性和通俗文化的討論無疑非常重要。它們涉及到一些基本的理論和方法問題。例如關於跨國資本主義的討論，涉及到正在全球蔓延的「出口加工區」和裝配工廠的經濟網如何取代傳統工業城市的問題，這種取代涉及到生活空間和經濟方式的重構，而這種重構又必然影響到人們的生活和工作方式，改變傳統的勞動組織，進而影響到人們的經驗和思想意識，影響到批評觀念和藝術創作。所以，在高新技術迅速發展的今天，隨著各學科之間越來越多的交流融合，我們不僅應該注意具體文本的研究，更應該注意社會文本的研究，注意整個社會文化的總體研究，只有這樣，才能面對新的現實提出相應的理論和對策。

註　釋

[1]Quoted from George Yudice, Civil Society, Consumption, and Governmentality in an Age of Global Restructuring (SOCIAL TEXT No. 45, 1995), pp.1–25.

[2]Michael Hardt, The Withering of Civil Society (SOCIAL TEXT No.45, 1995), p.27.

[3]*Ibid.*

[4]Antonio Gramsci, SELECTIONS FROM PRISON NOTE-BOOKS (New York: International Publishers, 1971), p.238.

[5]*Ibid.*, p.247.

[6]SOCIAL TEXT, No.45, (1995), p.41.

[7]*Ibid.*, p.39.

[8]Masao Miyoshi, A World without Boders (CRITICAL INQUIRY No.19, 1994), p.4.

[9]Leslie Sklair, SOCIOLOGY OF THE GLOBAL SYSTEM (Baltimore Md.: Johns Hopkins University Press, 1991), p.117.

[10]Christopher Andersen, MADONNA UNAUTHORIZED (New York: Dell, 1991), p.336.

[11]*Ibid.*, pp.375, 379.

[12]Jean Baudrillard, AMERICA (London: Verso, 1988), pp.46–47.

第八章
麥克魯漢：
媒體就是訊息

　　在當代西方文論和文化研究中，加拿大的赫伯特・馬歇爾・麥克魯漢（Herbert Marshall McLuhan, 1911-1980）是個不容忽視的人物。關於「地球村」（Global Village）的概念就是首先由他提出來的。雖然今天這個概念的含義與他當時提出時的含義已不盡相同，但人們仍經常引用這個概念。他在60至70年代紅極一時的著作，今天人們在討論後現代主義時仍然不得不常常提及。他的實例不僅可以爲我們在文化批評方面提供參考，而且可以在一定程度上說明一個文學批評家的使命以及他與社會發展的關係，說明他如何從文學研究開始轉而變得

對當代文化的革命性變化非常敏感。

一、麥克魯漢其人

　　麥克魯漢最初研究文學，曾在劍橋大學師承 F. R. 李維斯和 I. A. 理查茲，與修辭學家瓦爾特・昂格、藝術批評家溫德姆・劉易斯關係密切，並與作家埃茲拉・龐德、伍迪・艾倫和湯姆・伍爾芙等人有書信來信。但是，真正使他獲得國際聲響的並非他的文學批評，而是 60 至 70 年代他研究大眾傳媒對思想和社會行為影響的著作。

　　1961 年，麥克魯漢出版了《古登堡星系》（ *The Gutenberg Galaxy: The Making Typographic Man* ），探討印刷技術對社會的影響，第一次將他研究的命題從文學轉向了技術的力量。該書出版後立即引起注意，獲 1962 年非小說類加拿大總督獎。 1964 年，他出版了《理解傳媒》（ *Understanding Media: The Extensions*

of Man），「這是一部震撼世界的著作。每個
人都在讀它，引用它，嘲笑它，試圖理解它，
尤其以傳媒維生的那些人。」[1]正是這兩部著
作，使他開始獲得了廣泛的國際影響。到1966
年，兩本書售出了五萬五千多冊，而到 1969
年，單是《理解傳媒》就售出了約十一萬冊，
被稱為在哈佛銷售最快的非小說著作。作為一
個前衛派的知識分子，麥克魯漢的名字紅極一
時。1967年他的《媒體就是訊息》出版後，當
年就售出十萬多冊，後來在全世界的銷售量將
近一百萬冊。

　　麥克魯漢的著作在學術界引起了強烈反
響，既有讚譽也有批評；但隨著他對商業活動
的介入，在美國學術界遭到了越來越多的指
責。然而麥克魯漢自稱「更大的興趣在拉丁
語世界而不是美國」：「我最大的影響在墨西
哥和南美，接著是巴黎和日本。《理解傳媒》
和《古登堡星系》已經被譯成22種語言，很快
還會有另外幾種語言的版本。」[2]確實，麥克
魯漢對法國後結構主義和文化理論產生了持久

的影響。自從 60 年代以來，麥克魯漢幾乎成
了法國批評理論無法擺脫的名字：布希亞
（Jean Baudrillard）和保羅・維日利奧（Paul
Virilio）承認自己繼承了麥克魯漢關於全球性後
現代傳媒的災變觀點；德希達對物質表意形式
的維護和傅柯對生物技術與社會權力的研究，
參與了由麥克魯漢開創的一種 「歷史─認識
論的形式主義」。因此加拿大批評家約翰・費
吉特（John Fekete）1982年在一篇文章中指出，
麥克魯漢是個重要的、本土的後結構主義思想
家，而不是從法國引進了這種思想。[3]由於麥
克魯漢的廣泛影響，表示他思想觀點的「麥克
魯漢主義」（McLuanism）也漸漸傳播開來。

　　麥克魯漢也曾受到許多他同代批評家的指
責。在人們尚未認識驚人的訊息革命形式之
前，對麥克魯漢探討大眾傳媒所引起的知覺和
經驗變化的先鋒著作，他們很難判斷其正確或
錯誤，但他們指責他違反了職業道德，例如說
他無視歷史和科學事實，片面地濫用資料，帶
有宗教式的偏見，反人文主義，充滿矛盾和非

理性主義，充滿神秘主義和晦澀難懂的術語。
然而，這些批評判斷都受到了誤導，因爲他們
囿於傳統的局限，要求對歷史、個人意識和社
會異化現象進行更直接、更透明的描寫。不僅
麥克魯漢首先對這種要求提出了挑戰，而且後
來的批評實踐也不再提出這種要求。實際上，
由於後結構主義的影響，許多傳統的批評價值
觀念在後現代的批評意識形態裡都不再被人重
視，如客觀和科學的真理、邏輯、事實、專門
化的知識等。人們更多地關注能動的、主觀
的、以及文體和話語的批評實踐。新的批評理
論及實踐表明，麥克魯漢爲這種變化提供了一
個先例。

　　因此，雖然有人認爲他是個未來主義者，
也有人認爲他是文字文學的敵人，但今天研究
他的人，卻更偏向認爲他是個後現代主義者。
事實上，他是個精通文學而又極富預見的人。
湯姆・伍爾芙甚至認爲，從文化的角度看，他
的著作與達爾文和佛洛伊德的同樣重要。人們
也許不一定同意伍爾芙的讚譽，但無論如何對

麥克魯漢不應忽視。因爲他告誡人們，在電子
條件之下，就在人們讚美專門化是拯救人類
的途徑時，專家們的事業正遭到廢棄。電子條
件改變了「心理社會情結」（psycho-socialcom-
plex），改變了人間的事物（尤其是人們的思
維方式），並確認了人們在尋求絕對知識中的
不確定的力量。[4]

二、媒體就是訊息

60 年代，麥克魯漢通過進入傳媒場景實
現了一種更充分的大眾文本。他將高級文化和
嚴肅的學術批評轉化爲大眾商業形式，不僅從
學術批評的範疇論述大眾文化，而且還否認在
兩種話語之間存在著某種批評的距離。他在
《理解傳媒》裡寫道：

> 廣告宣傳中的穩定傾向是表明產品是
> 一個大的社會目的和過程的不可分割的部

分。由於龐大的預算，商業藝術家可能將廣告發展成一種偶像，而偶像不是專家的某些碎片或方面[對書本知識是內在的]，而是統一的、濃縮的、綜合的形象。它們把一個大的經驗領域集中於一個小的範圍之內。因此廣告中的傾向是脫離產品的消費者圖象，轉向加工過程的生產者形象。加工過程的合成形象也把消費者包括在生產者的作用之中……

理想地說，廣告的目標是在所有的人類衝動、志向和努力中達致一種經過安排的和諧……最終達致一種集體意識的電子目標。[5]

但麥克魯漢並未停留在重新包裝一種對社會過程和廣告價值的批評認識。社會過程本身也被以類似的方式包裝成後現代的「新聞」：「《時代周刊》和《新聞周刊》以及類似的雜誌……以濃縮的馬賽克形式提供新聞，與廣告界完全一致。馬賽克式的新聞不是敘述，不是

觀點，不是解釋，也不是評論。它是一種合成
的正在發生作用的共同體的深度形象，要求最
大限度地參與社會過程。」[6]

　　由於電子運作過程中的分散、集成和加速
等特點，交流中的重點從線性的、合乎邏輯的
情況，隨著電子訊息接近於光速而轉向了即時
和同時性關係。媒體作為轉換心理和社會經驗
的語境，使簡單清晰的意義再不可能出現。因
此麥克魯漢認為，透過發展提高了的定型認識
的能力，透過發展應付開放系統的能力，透過
經歷連續的迅速變化，充滿訊息的環境可以進
行有意義的安排。[7]這就是說，對現實的感知
現在依賴於訊息的結構。每一種媒體的形式都
與感覺中某種不同的安排相關，而這種安排創
造了新形式的意識。這種知覺的轉變，每一種
媒體創造的新的經驗方式，都會在媒體使用者
身上出現。而這也就是麥克魯漢所說的「媒
體就是訊息」所表示的意義。

　　「媒體就是訊息」是麥克魯漢的第一個批
評原則。這個口號首先對研究藝術和文化

「內容」的方式提出了挑戰。他認為，內容的
「深處」是一種海市蜃樓式的幻景，分散對傳
媒本身表面的但卻真實的效果的注意，而傳媒
的效果「決定並支配人類聯繫和行動的範圍與
形式」。離開這種限制並表明我們社會存在的
物質傳媒，我們就生活在一個「沒有圍牆的監
牢」之中——其中唯一真實的訊息並非那些想
像來自更深、更內部的範疇，或更高、更超驗
的領域，而是從我們沉浸於內的形式、形象、
技術和意識形態的「洪流」水平地湧向我們的
那些訊息。這種整體性以一種內在的經驗形式
呈現給我們。因此麥克魯漢警告我們，雖然
「希特勒的極權威脅是外部的」，但傳媒卻
「在門戶之內」——在「自由世界」的門戶之
內，也在它的個人自我的門戶之內。[8] 他認
為，使這種經驗整體化的工作要求一種新的深
度，這種深度從側面推進，就像立體主義的技
巧，在表現中取消深度：因為深度意味著
「處於相互關係之中」，而不是「孤立的」。
深度意味著洞察，而不是觀點；洞察是一種對

過程的精神介入，它使內容顯得是次要的。意
識本身是一個包容過程，根本不依賴內容。[9]
在麥克魯漢看來，「深度」純係最大限度的側
面接觸。因此也可以說是他的「顛倒」論的
一種效果，一種「重複」的產物，而不是創新
或改變。用他自己的話來說，深度是一種進行
結構回溯的產物：

　　　　對各個領域裡的現代研究而言，包括
　　精神病學、心智論和結構分析，深度的作
　　用都是自然的。為了從結構上檢驗任何一
　　個情境，你必須從各個側面進行檢驗，這
　　是一種立體的技巧。對一個媒體進行結構
　　探討意味著研究它的整個運作，包括它創
　　造的環境——如電話、無線電收音機、電
　　影或汽車創造的環境。只是把汽車看作一
　　種將人載往這裡或那裡的車輛，你不會對
　　汽車有多少瞭解。不瞭解城市的變化、郊
　　區的創立、服務的改變——它所創造的環
　　境——人們對汽車就不會有什麼瞭解。因

此也就從沒有真正從結構上把汽車作為一種形式來進行研究。[10]

因此，訊息就是媒體，就是環境，就是結構，就是形式。麥克魯漢從內容退到形式，使我們脫離了既定的客體，進入了他者的世界，進入了這種客體所表示的歷史。這裡形式同樣包含著「整個人造環境生態學」所包含的意義，而在這種環境中，「客體是看不見的的」，「看見的只是客體間的關係」。[11]

麥克魯漢認為，對汽車和對詩一樣，「內容」批評首先將「事物本身」孤立起來，然後產生一種「意義」或意義抽象的「訊息」──「影子的影子」。麥克魯漢的形式主義不是在這種孤立中尋求意義，而是在「相互關係」中尋求意義，在某種歷史的整個背景環境中，要求一種不斷勾劃關係的過程。他認為，「注重效果而不是意義」是時代的特點，「效果包括整個境況，而不是訊息運動的單一層面」。因此，深度是對他者的整體化，是對個人意識可

以超越的差異的整體化。[12]

　　按照麥克魯漢的觀點，對媒體的深度分析
不是揭示內容，而是更多地揭示媒體，因為
「任何媒體的『內容』總是另一種媒體」，另
一種媒體的訊息是又一種媒體，如此繼續不
斷。

　　麥克魯漢將媒體分為熱媒體（hot media）
和冷媒體（cool media），用以指與媒體相聯
繫的不同的感覺效果。熱媒體（如收音機、
電影）充滿更多的訊息，但使用者不太介入；
冷媒體（如電話、卡通、電視）訊息量較少，
但允許使用者有更多的感官參與。這種區分對
進一步理解麥克魯漢的思想非常重要。

三、大眾傳媒的影響

　　80年代中後期，麥克魯漢的著作受到遠
比他在世時更大的重視，人們在談論交流理論
時，幾乎無一不涉及到他的思想觀點；甚至有

人說，沒有任何人比他更瞭解電子程序如何改
變了現實。現在人們明白了他的構想，也可以
討論所謂的「無形的存在」，例如一個人坐在
電腦前面，通過網際網路圍繞「地球村」尋找
他看不見的朋友，或者幾乎是本能地欣賞媒體
如何轉變著現實。但在麥克魯漢提出他的理論
時，人們普遍缺乏充分的思想準備。在他提出
「媒體」重於「訊息」幾年以後，人們才注意
到電視上流行的表演是些關於表演的表演，其
中隱蔽的媒體基礎，變成了表演的反諷內容。
然而，麥克魯漢思想的真正價值，尤其是電子
媒體如何改變現實的典範，仍然有待於探討。

　　精略地講，麥克魯漢的著作大致包括以下
幾個方面的內容：一、探討文化和商業的融
合，將廣告和娛樂視爲具有本質文化意義的重
要現象。他首先系統地研究了商業的變化，商
業如何透過媒體的擴展製造文化並銷售文化。
他運用現代人類學的方法，找出文化中「意識
不到的」方面，找出「隱蔽的基礎」或訊息的
深層結構。二、探討電子革命的後果和影響。

電子程序引發的所有交流系統的變化，構成了
麥克魯漢著作的最重要的部分。他通過追溯印
刷術發展所引起的交流變化，認爲電子發展也
引起了一場交流革命。三、關於文化與藝術。
他認爲藝術是嚴肅的，不同的媒介，如繪畫和
文學，是觀察和引導具體思想境遇的特殊方
式，具有強大的作用，而商業化的流行文化對
藝術的入侵是西方文化中最重要的新情況。

　　然而，麥克魯漢最重要的創新在於他發現
了電子媒體所產生的重大影響：重組人們的心
理和社會意識的結構。千百萬人坐在電視機前
面，吸收「薩滿教似的現代傳說」。[13]具有共
同消費價值的「地球村」，使不同地區的人重
新尋找他們過去的本來面目，以便維護他們自
己的身分或同一性，因爲電子媒體使所有的人
都成了渴求自我身分的無名小卒。麥克魯漢認
爲，對身分的渴求常常產生暴力；舊的感覺，
舊的價值，舊的仇恨，壓倒了廣大的民主意識
和承諾。電影、電視、以及其它大眾傳媒對觀
念機制帶來的深刻變化，使人們又回到了類似

野蠻部落的狀態，在暴力的神秘中獲取他們的
歡樂。電子媒體使世界進入一種類似部落的循
環，重現人類存在的原型，重現精神和社會現
實的種種典範。

　　麥克魯漢對媒體改革作用的精確描述，最
早見於他的《古登堡星系》。在他看來，語
言、言語、語法、印刷、書籍等所有這些文明
交流中重要的東西，現在都受到電子媒體更原
始形式的壓力。所謂更原始的形式，指它們重
新組織感覺的方式，因爲它們訴諸於感覺而不
是思想。麥克魯漢集中思考語境的基礎，強調
電子媒體的即時性，極力使人們看到他們的感
性生活如何在對應用傳媒作出反應的過程中發
生了變化。爲了表現這種即時性，他甚至採用
將格言警句並置的寫作風格，以同時表現幾個
不同層次的意識。

　　麥克魯漢認爲，語法學和修辭學是交流理
論的源泉，報紙和電視商業廣告植根於古老的
演說傳統，一切現代媒體的交流方式無不帶有
修辭的方式，因此必須揭示這些構成電子程序

基礎的修辭淵源。他以葉芝為例說，葉芝一向
拒絕解釋自己寫的詩，認為那會限制它們的啓
示性。葉芝要求讀者介入他的詩作，與媒體中
的情況頗為相似。在一切電子媒體裡，媒體的
使用者也必須學會進入交流過程，變成一種共
同的生產者。在電子條件下，每一個客體都不
僅僅是它自身，而是代表著一個多重的過程，
它不能進行簡單的邏輯限定，就像一個敏銳的
藝術評論家面對一幅畢卡索的繪畫時那樣。麥
克魯漢在《理解傳媒》中寫道：「藝術家是那
種能在任何領域裡──包括自然科學和人文科
學──把握自己的行為含義並把握自己時代的
新知識的人。他是那種具有整體意識的人。」
[14] 在某種意義上，麥克魯漢接近於這種藝術
家，在《古登堡星系》裡，他將中世紀和早期
文藝復興時期的形式與現代電子媒體的形式聯
繫了起來。

有人認為麥克魯漢是個技術決定論者，也
有人認為他推崇悖論（paradoxes）。在他看
來，由大眾傳媒帶來的各種解釋的根據表明，

事物同時是真實的和不真實的；印刷的世界和
電視的世界是兩種分離的現實；經驗主義理性
的偏見要求所謂的清晰性壓制了悖論。因此在
解釋電子程序如何恢復悖論時，他同意羅薩利
・考萊的觀點：「貶低悖論是一次思想革命的
結果，這種思想認為，清晰性和精確性的價值
高於由悖論引發的微妙的雙重理解。在《關於
兩個世界的對話》裡，伽利略的簡單性表明，
以『詞語』優於『事物』作為真理的指導非常
危險：一旦你否認了科學的原則，對最明顯的
事物表現出懷疑，任何人都知道你可以隨意證
明，保持某種悖論。」[15]但是麥克魯漢認為，
我們的世界充滿了由科學產生的新的悖論，過
去幾個世紀的信念已經達到了它能力的極限，
並已轉換成它的對立面。不確定性和或然性及
其探討真理的方法，現在遇到的是綜合複雜的
理論。不論從社會上還是從政治上，人們發現
都難以弄清悖論，例如，為什麼按照法則一切
事物可以同時是真實的和不真實的？實際上，
法則正變得越來越受環境的制約，與傳媒的觀

念相關。

　　麥克魯漢認為，在電子文化裡，人們的生
活離不開悖論：隨便任何一種偶然的概念，不
論正確錯誤，都不能被經驗證實。他指出，悖
論像隱喻一樣，確立一種真理的比率，因為在
電子條件下，真理不可能只是一種事物，現實
也不可能只是一種現實。在信息時代，存在著
「詞語的世界」和「非詞語的世界」，如果兩
個世界之間的相互作用人為地加以平衡，就必
然出現悖論和含混，畢竟地圖不等於國土，故
事不等於事件，形象也不等於事物。換句話
說，表現形式可以是任何東西。

　　在考慮新的傳媒所引起的巨大變化時，麥
克魯漢力圖發現傳媒如何改變媒體使用者的思
想境界。用他的話說，媒體就是訊息。也就是
說，媒本從物質上影響著我們。幾個小時坐在
電視機前面，或者坐在某種電子射線發生器前
面，會產生一種獨特的精神狀態。這種精神狀
態顛倒了對發展變化的注意，而人們只有靠這
種注意才能意識到自己的存在，因此一旦顛倒

必然會產生新的意識形式。至於訊息的內容，實際上也取決於媒體，如果你以不同的方式說「我愛你」，例如面對面、在電話上或在留言簿上，你會得到不同的反應，而這反應基本上由媒體來決定。所以有人認為，麥克魯漢使人們「衝進了生活現實廣播室的控制間」。

毫無疑問，麥克魯漢是個有爭議的人物，他的「地球村」只是一種想像中的海市蜃樓。但無論如何他是個不容忽視的人物。他對北美的大眾意識產生過巨大影響，他的洞察可以使人擺脫單一化的思想，在今天「全球化」（globalization）的進程中，他的著作對人們構制文化同一性時可能產生有害的部族主義傾向也不無啟示作用。1991年，《時代周刊》將該刊當年的新聞人物泰德・透納（CNN有線電視新聞主持人）以標題的方式稱作「地球村的王子」，說他繼承了麥克魯漢未竟的事業，麥克魯漢的錯誤只是暫時性的，現在一個新的全球共同體已經到來。此後，美國和加拿大一些雜

誌又開始提出「媒體就是訊息」的問題和論證。所有這些表明，通過麥克魯漢這一實例，我們應該注重對國外大眾傳媒文化的研究。

註　釋

[1]ESSENTIAL MCLUHAN (Anansi, Ontario, 1995), p.390.

[2]LETTERS OF MAESHALL MCLUHAN, Ed. Matie Molinro, Corinne McLuhan, and William Toye (Oxford University Press, Toronto, 1987), pp.505-506.

[3]Glenn Willmott, MCLUHAN, OR MODRNISM IN RE-VERSE (University of Toronto Press 1996), p.136.

[4]ESSENTIAL MCLUHAN, p.2.

[5]McLuhan: UNDERSTANDING MEDIA (New York: McGraw-Hill, 1964), pp.201-202.

[6]*Ibid*.

[7]ESSENTIAL MCLUHAN, p.2.

[8]See UNDERSTANDING MEDIA, pp.24, 34, 32.

[9]*Ibid*., p.247.

[10]Gerald E. Stearn, HOT AND COLD: A PRIMER FOR THE UNDERSTANDING OF & A CRITICAL SYMPOSTUM WITH A REBUTTAL BY MCLUHAN (New York: Dial Press, 1967), pp.281-282.

[11]*Ibid*., p.302.

[12]UNDERSTANDING MEDIA, p.39.

[13]ESSENTIAL MCLUHAN, p.4.

[14]UNDERSTANDING MEDIA, p.65.

[15]Rosalie Colie, PARADOXICA EPIDEMICA (Princeton University Press, 1966), p.508.

參考書目

Aijaz Ahmad, Jameson's Rhetoric of Otherness and the National Allegory (Social Text, No.17, 1987).

Louis Althusser, Contradiction and Over-determination, in FOR MARX, trans. Ben Brewster (London: Verso, 1990).

Christopher Andersen, MADONNA UNAUTHO-RIZED (New York: Dell, 1991).

Jean Baudrillard, AMERICA (London: Verso, 1988).

Rosalie Colie, PARADOXICA EPIDEMICA (Princeton University Press, 1966).

ECCONOMIST 325 (October 24, 1992).

Clifford Geertz, THE INTERPRETATION OF CUL-

TURE (New York: Basic Books, 1973).

Antonio Gramsci, COLLECTIONS FROM CUL-
TURAL WRITINGS (Cambridge, Mass.:
Harvard University Press, 1985).

Antonin Gramsci, SELECTIONS FROM PRISON
NOTEBOOKS (New York: International Pub-
lishers, 1971).

Stuart Hall, CRITICAL DIALOGUES IN CUL-
TURAL STUDIES, eds. David Morley and
Kuan-Hsing Chen (New York: Routledge, 1996).

Michael Hardt, The Withering of Civil Society (Social
Text, No. 45, 1995).

David Harvey, THE CONDITION OF POSTMO-
DERNITY (Cambridge, Mass: Black-Well, 1989).

Fredric Jameson, Third World Literature in the Era
of Multinational Capitalism (SOCIAL TEXT,
No. 15, 1986).

Fredric Jameson, POSTMODERNISM, OR THE
CULTURAL LOGIC OF LATE CAPITAL-
ISM (Durham: Duke University Press, 1991).

Fredric Jameson, THE GEOPOLITICAL AES-
THETIC (Bloomington: Indiana University Press,
1992).

Immanuel Kant, quoted in J.B. Thompson, IDEOL-
OGY AND MODERN CULTURE (Stanford
University Press, 1990).

Jean-Francois Lyotard, THE POSTMODERN CON-
DITION (Minnesota University Press, 1984).

MANAGEMENT REVIEW 82 (March 1993).

Marshall McLuhan, UNDERSTANDING MEDIA
(New Yoek: McGraw-Hill, 1964).

ESSENTIAL MCLUHAN (Anansi, Ontario, 1995).

LETTERS OF MARSHALL MCLUHAN, Ed. Matie
Molinro, Corinne McLuhan, and William Toye
(Oxford University Press, Toronto, 1987).

Masao Miyoshi, A World without Booders (CRITI-
CAL INQUIRY, No. 19, 1994).

Edward W. Said, Representing the Colonized:
Anthropology's Interlocutors (CULTURAL IN-
QUIRY 15, 1989).

Henry Schwarz and Richard Dienst, ed. READING THE SHAPE OF THE WORLD (Westview Press, 1996).

Leslie Sklair, SOCIOLOGY OF THE GLOBAL SYSTEM (Baltimore Md.: Johns Hopkins University Press, 1991).

Wole Soyinka, Twice Bitten: the Fate of Africa's Culture Producers (PMLA 105, No.1, 1990).

Gerald E. Stearn, HOT AND COLD: A PRIMER FOR THE UNDERSTANDING OF & A CRITICAL SYMPOSIUM WITH A REBUTTAL BY MCLUHAN (New York: Dial Press, 1967).

SOCIAL TEXT, No. 34 (1993).

SOCIAL TEXT, No. 45, (1995).

Immanuel Wallerstein, Giovanni Arrighi, and Terence K. Hopkins, ANTISYSTEMATIC MOVEMENT (London: Verso, 1989).

Leslie A. White, THE SCIENCE OF CULTURE (New York: Farrar, Strauss and Cudahy, 1949).

Raymond Williams, CULTURE AND SOCIETY, 1780-1950 (New York: Harper & Row Publishers, 1958).

Raymond Williams, THE LONG REVOLUTION (New York: Columbia University Press, 1961).

Raymond Williams, COMMUNICATIONS (London: Penguin Books, 1962).

Raymond Williams, MARXISM AND LITERATURE (New York: Oxford University Press, 1977).

Raymond Williams, POLITICS AND LETTERS (London: Verso, 1979).

Raymond Williams, PROBLEMS IN MATERIALISM AND CULTURE (London: Verso, 1980)

Raymond Williams, WRITING IN SOCIETY (Londen: Verso, 1984).

Raymond Williams, RAYMOND WILLIAMS ON TELEVISION (London: Routledge, 1989).

Raymond Williams, THE POLITICS OF MODERNISM (London: Verso, 1989).

Raymond Williams, RESOURCES OF HOPE (London: Verso, 1989).

Glenn Willmott, MCLUHAN, OR MODERNISM IN REVERSE (University of Toronto Press, 1996).

George Yudice, Civil Society, Consumption, and Govern Mentality in an Age of Global Restructuring (SOCIAL TEXT, No. 45, 1995).

《民族研究》，北京：民族出版社，1985年第 2期。

文化手邊冊 49

文化研究

作　　者／王逢振
出 版 者／揚智文化事業股份有限公司
發 行 人／葉忠賢
總 編 輯／孟　樊
登 記 證／局版北市業字第 1117 號
地　　址／台北市新生南路三段 88 號 5 樓之 6
電　　話／(02)2366-0309　2366-0313
傳　　真／(02)2366-0310
印　　刷／偉勵彩色印刷股份有限公司
法律顧問／北辰著作權事務所　蕭雄淋律師
初版一刷／2000 年 4 月
定　　價／新台幣 150 元

───────────────────────

南區總經銷／昱泓圖書有限公司
地　　址／嘉義市通化四街 45 號
電　　話／(05)231-1949　231-1572
傳　　真／(05)231-1002

───────────────────────

ISBN　957-957-818-100-0
網址：http://www.ycrc.com.tw
E-mail：tn605547@ms6.tisnet.net.tw
※ 本書如有缺頁、破損、裝訂錯誤，請寄回更換 ※

國家圖書館出版品預行編目資料

文化研究 ＝Cultural studies / 王逢振著. - -
初版. - -臺北市：揚智文化，2000〔民 89〕
　面；　公分. - -（文化手邊冊；49）
參考書目：面
ISBN　957-818-100-0（平裝）

1.文化

541.2　　　　　　　　　　　　89000995